親子◡起來！

玩遍宜蘭34個特色休閒農場

跟著樂爸走，體驗在地生活

樂爸／林正豐 著

Chapter **01**

前進宜蘭北部及市區精緻休閒

< 頭城鎮 >

008　兩天一夜 玩得「豐」！
頭城休閒農場

< 壯圍鄉 >

012　神農的南瓜王國，好吃好玩興旺南瓜！
旺山休閒農場

016　一玩就著迷，一吃就上癮！
官老爺休閒農場

< 宜蘭市 >

020　一起找「菌」趣！
菌寶貝博物館及觀光工廠

026　看得見吃得到好味蜜餞，慢活文創新亮點！
橘之鄉形象館

030　大小農夫巡田水，邊玩邊吃四季樂
麗野莊園休閒農場

Chapter 02

深入宜蘭西部山區田野樂趣

< 員山鄉 >

036　自然農法自給自足的深度體驗！
張媽媽有機竹筍園

040　歐風慢活，微笑好客
麗景花園民宿

044　水中輞轀抓魚蝦，DIY 美食遊祕境！
花泉休閒農場

050　水草神農化腐為奇，創新人文生態趣淘！
勝洋水草休閒農場

058　變身甲蟲王者還能專享小木屋
鳳凰宿甲蟲生態民宿

064　花樹下的香「味」食旅
香草菲菲

068　擠羊奶餵ㄋㄟㄋㄟ，非吃不可羊奶 Pizza DIY
可達休閒羊場

072　米其林餐廳主廚指定，高 C/P 香魚料理
八甲休閒魚場

Chapter 03

體驗宜蘭中南部創意玩法

< 三星鄉 >

078　正港三星蔥油餅 DIY 好吃又有拿
蔥仔寮體驗農場

082　太平山下的幸福農村
天送埤故事館暨遊客服務中心

086　化身蔥派大師、體驗蔥農樂趣多
星寶蔥體驗農場

092　「豬朋雞友，天長地『九』」生態同樂會
天山農場豬寶寶文物館

< 冬山鄉 >

098　焢土窯、摸蛤兼洗褲的農村體驗
廣興農場的豬哥窟與鴨母寮

104　獨享溜滑梯、湯屋與田園生態體驗
童話村生態農場民宿

110　夢幻療癒屋與鹿同行
花鹿米親子民宿

116　趣味手作，採果多元，一流名產，值得探索
大進休閒農業區

120　獨門茶熏蛋連美食家都說讚！
鵝山茶園有機體驗農場

124　只在此山中，雲深不知處
香格里拉休閒農場

128　生態易遊、住宿露營、闖關開趴樣樣行
三富休閒農場紫屋森林

134　檜樂惜福，輕露營
東風有機休閒農場

138　舞出冰淇淋好滋味，一起邁向甘味人生
星源茶園

140　總統素馨茶，茶農體驗趣
馨山茶園

146　龍鬚糖 DIY 再把專屬品茗杯帶回家
祥語有機農場

152　品茗小點樂趣多
芳岳茶園

154　小叮噹的祕密食堂和百果花園
銀山果園

158　五行五色佳肴美饌，非吃不可
一佳村養生餐廳

162　農漁樂優遊
珍珠休閒農業區

166　和「家」一樣溫馨
宜蘭衿日林民宿

Chapter

1

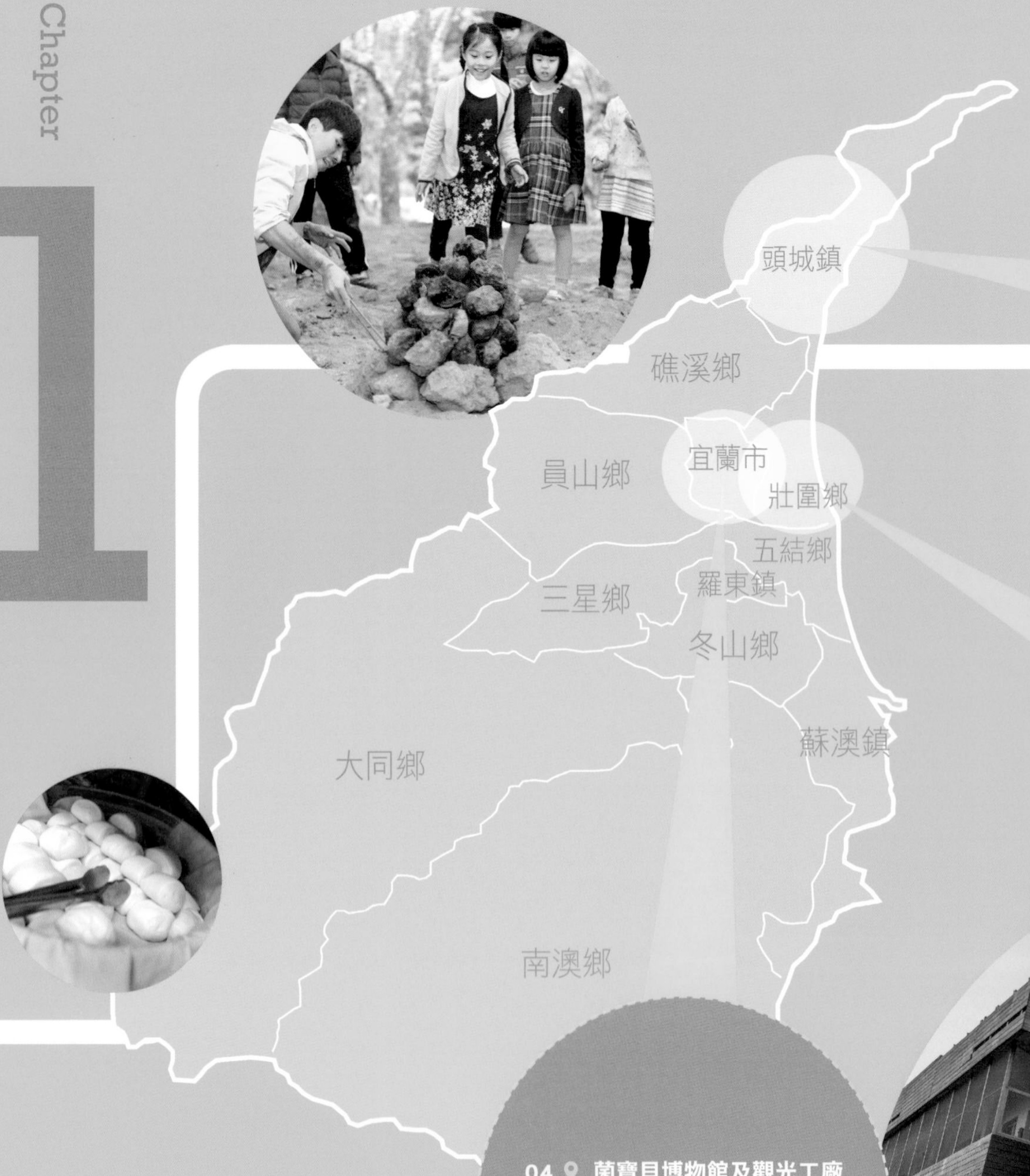
頭城鎮
礁溪鄉
員山鄉
宜蘭市
壯圍鄉
五結鄉
羅東鎮
三星鄉
冬山鄉
蘇澳鎮
大同鄉
南澳鄉

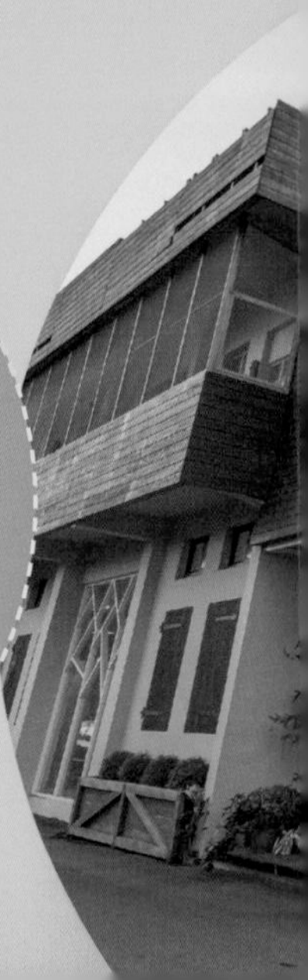

04 菌寶貝博物館及觀光工廠
05 橘之鄉形象館
06 麗野莊園休閒農場

01 📍 頭城休閒農場

前進宜蘭
北部及市區
精緻休閒

頭城鎮＋壯圍鄉＋宜蘭市

02 📍 旺山休閒農場
03 📍 官老爺休閒農場

宜蘭
北部及市區

兩天一夜 玩得「豐」！
頭城休閒農場

☑導覽　☑採果　☑DIY　☐玩水　☑餐飲　☑住宿

📍 地址：宜蘭縣頭城鎮更新路 125-1 號
📞 電話：03-9772222
📶 網址：www.tcfarm.com.tw
🕐 開放時間：08：00 ～ 17：00，全年無休
💲 費用：入園費＋導覽＋午餐 600 元／人；
　　　　一日遊體驗：1200 元／人（另有
　　　　二天一夜及三天兩夜行程，請洽
　　　　農場）

頭城鎮

頭城休閒農場

　　「頭城農場」在休閒農場產業中已經是個資深且具知名度的景點，然而它並沒有因此而裹足不前，反而不斷創新、求新求變。比如為開發穆斯林遊客的市場，因而取得穆斯林認證，而且跟據遊客不同的需求設計出不同天數、不同性質種類的行程，多變又豐富。

　　雖然農場力求突破創新，但轉換的過程中依舊能保持過去優良的傳統，這次樂爸我們一家人就特別來感受一下頭城農場「二天一夜豐富之旅」。

焢窯及祈福天燈 DIY，親子同樂

　　到達農場的第一件事，就是跟著大哥哥和大姊姊散步到後方的烘焙窯進行焢窯。當天剛好有好幾組的親子家庭一同參與，因此整個焢窯場特別熱鬧，活動也格外妙趣橫生。

　　晚餐除了備有農場提供自助式菜餚外，更特別的是還供應了烤肉食材自由取用。豐盛的 Buffet，外加自己親自動手的烤肉拼盤，讓人絕對會舔嘴呸舌。

　　而酒足飯飽之後，晚上的活動更讓所有人所期待，因為我們將進行祈福天燈的活動。進行祈福天燈活動前，會按照各組分發製作天燈的材料，並且由大哥哥統一講解如何製作，而輪到我們自己動手時每一組也會有小老師在一旁幫忙，至於天燈上所有寫或畫的部分則自由發揮。

❶ 頭城農場是宜蘭地區很資深且具知名度的景點。
❷＋❸ 由指導員教孩子如何焢窯。
❹＋❺ 晚上豐富的 Buffet 菜色，加上烤肉絕對會讓人舔嘴呸舌。

這是我們一家人第一次製作天燈，真的相當有趣，也受益匪淺，每個人把各自不同的心願寫在上頭，而最感動的時刻便是釋放天燈的那一刻，只見所有人一陣歡呼，特別是孩子們興奮尖叫，看著自己的願望愈飛愈高，在黑暗的天空中，除了月光外，就只有那盞天燈了，心中有個聲音：「天燈冉冉上升，可以許下願望就別等」。

園區導覽＋鄉土料理，玩得豐富兼瘋狂

隔日在活力早餐後，便要開始今天豐富的行程──知性之旅，也就是園區導覽。頭城農場的腹地真的很廣大，雖然我們只是參觀部分的區域，但整個行程下來就像個小健行、小登山。其中可以看到與認識園區內的各種景觀、植被、菜園、果園，可以摘摘當季的金棗、拔紅蘿蔔，可以看到這裡才有的超大型毛毛蟲，可以餵牛、餵羊……，雖然有點累，但是早就忘了「累」這個字，反而覺得其樂無窮。

⑥ 自己製作祈福天燈。
⑦ 天燈上寫上對家人的祝福。
⑧ 釋放天燈的那一刻，最令人感動。

❾ 農場有湖可以提供孩子體驗撐竹筏樂趣。
❿ 跟孩子一起葉拓T恤。
⓫ 農場會視季節安排製作當季醋，像樂弟這次做金桔醋。
⓬ 孩子可以在農場餵牛羊。

　　稍作休息後，中午享用的是自助式的鄉土料理，值得一提的是農場一直有提供二、三樣的甜湯，如湯圓或綠豆湯之類的，無限量免費供應，而且是從一到農場一直到離開時都有提供喔！

　　而下午則進行葉拓 DIY 與金桔醋 DIY，並且葉拓前則由自己到附近採集喜歡的葉子來進行，完全可自己發揮想像力來自由創作，樂弟還特別以樹葉在 T 恤背面印上了「幸運七」來祝自己一路都幸運，逗得大家哈哈笑。

　　頭城農場的經營理念，其實是創辦人卓媽媽的「兒時記憶」，也就是要自然純樸、充滿生機，感受小時候回「阿嬤家」熱鬧的情感。老闆娘卓媽媽曾這麼說：「那時候，每天都有不同的發現與驚喜，最重要的是，所接觸的東西，都是有『生命』的。」因此，期待大家來一趟頭城農場不僅玩自然、玩得「豐」，還要玩到「瘋」！

神農的南瓜王國，好吃好玩興旺南瓜！
旺山休閒農場

☑導覽　☑採果　☑DIY　☐玩水　☑餐飲　☐住宿

壯圍鄉

旺山休閒農場

📍 地址：宜蘭縣壯圍鄉新南村新南路
　　　　107 之 7 號
📞 電話：03-9383918；0932-088992
📶 網址：wanshun.hiweb.tw
🕘 開放時間：09：00 ～ 17：00
　　　　（每週三、四休園）
💲 費用：全票 100 元／人（含國小 1 年
　　　　級以上學生）：包含入園門票、
　　　　飲料任選一杯，不抵消費。國
　　　　小 1 年以下，半票 60 元／人。
　　　　另 DIY 活動及南瓜餐點請先
　　　　前預約。

　　來到「旺山休閒農場」彷彿就像是到了童話故事裡的南瓜世界，
《仙履奇緣》裡的灰姑娘若是沒有南瓜馬車的幫忙，她就無緣在舞
會見到王子；一年一度「萬聖節」活動，若是少了南瓜的裝飾，孩
子們應該也會缺了某些共同回憶。而農場裡確實也會應景的安排這
些布置，讓大夥多了些童話療癒感。

收錄 300 種以上的南瓜種類

　　在這裡頭的奇花異果多達 1 千種以上，還種了約 300 種以上的
南瓜，在南瓜隧道條條呈現，包含東洋南瓜、美國南瓜、西洋南瓜、

黑子南瓜及觀賞用南瓜（水果南瓜），還有眾多瓜果類，如扁蒲、苦瓜、絲瓜、蛇瓜、百香果、番茄等。

　　農場內還設置了一座沙坑供小朋友玩耍，非常適合帶著孩子一同前來。曾獲選「全國模範農民」的旺山大哥，只要一說起農場內大大小小的農作物，就像打開話匣子的開關，自信十足的侃侃而談。可別小看眼前這位樸實又憨直的大哥，每一樣作物的背景，他猶如電腦資料庫般皆能娓娓道來，而且特別是他自製且最引以為傲的「魚菜共生」環境。

❶ 最引以為傲的「魚菜共生」環境。
❷ 農場裡的南瓜馬車等場景安排，讓大夥多了些童話療癒感。
❸ 農場內種了約300種以上的南瓜。

南瓜風味餐令人食指大動

　　除了「看南瓜」，農場也開發出各式南瓜風味餐，包括南瓜炸彈、南瓜米粉、南瓜咖啡……等，色香味俱全。再者，也有彩繪南瓜 DIY 的體驗、南瓜披薩 DIY 等活動，讓大家完全沉浸在開心的南瓜風情中有吃又有玩。

　　「嘗一下我們的南瓜炸彈，晚點再離開好嗎？」就在樂爸一家人參觀完所有行程準備回家時，一旁「旺山休閒農場」的主人——林旺山大哥誠懇的問著。

　　「南瓜炸彈？」這的確引發了樂爸的好奇，不過，這是什麼呢？原來這是一道創意料理，而且做工不易，外表烤的烏漆抹黑的南瓜，一上桌還真像顆炸彈似的，旺山大哥用夾子將漆黑的外皮一層層剝下，「千呼萬喚始出來，猶抱琵琶半遮面」終於露出南瓜的真面目，那金黃的果肉，環繞著經窯烤的香氣，真的讓人食指大動。

　　不過，旺山大哥看起來臉色有點凝重，試嘗了一小口，接著說：「這顆失敗了，不要吃！」讓我有點訝異，他說：「我們只能給客人最好的品質，這一顆不及格。」但我想這才是我看到最真實的旺

❹ 南瓜隧道。
❺ 現場還可以透過南瓜刻字傳情。
❻ 現場可以自己做南瓜披薩窯烤。
❼「旺山休閒農場」的主人林旺山現場為遊客解說南瓜品種。

❽ 園區有許多南瓜
應景的布置，全來
自林旺山一家人之
手。
❾ 彩繪南瓜 DIY 體
驗。
❿ 呈現三色的南瓜
咖啡必點！
⓫ 剝下「南瓜炸
彈」外皮，窯烤香
氣的南瓜讓人食指
大動。

山大哥，他能夠從多次失敗的經驗中重生，有這樣的態度是必然的。
他還笑著表示：不擔誤我們回家時間，下次一定請我吃一顆完美的
「南瓜炸彈」。

　　旺山大哥的二個兒子 ——林智凱與林致頡，為了減輕父親辛
勞，目前也接手繼續打造這座南瓜王國，而且還獲選為「全國百大
青農」。雖然以前困難重重：颱風災損、旺山哥腳傷……等等，但
他們還是同心協力經農委會輔導而重新站起，如今還能關懷弱勢，
回饋鄉里，真的很難得。因此不妨抽空拋開城市的擾攘，到「旺山
休閒農場」盡情體驗農園野趣。

宜蘭
北部及市區

壯圍鄉

官老爺休閒農場

一玩就著迷，一吃就上癮！
官老爺休閒農場

☐ 導覽　☑ 採果　☑ DIY　☐ 玩水　☑ 餐飲　☐ 住宿

📍 地址：宜蘭縣壯圍鄉新南村
　　　　新南路 75 之 3 號
📞 電話：03-9253517；
　　　　0932-088-300 官燿金

📶 網址：www.facebook.com/ 官老爺休閒農場 -436930433051679/
🕐 開放時間：08：00 ～ 19：00，全年無休
💲 費用：採套裝活動 30 人以上成團，360 元／人，活動時間約 2.5 小時，包括炒
　　　冰 DIY、豆腐製作、蔥油餅 DIY、划竹筏及秧桶船體驗。其他單項活動
　　　如手工皂、風車、瓢蟲彩繪、農事體驗（植栽、解說、贈送肥料）等，
　　　每項 120 元／人，田媽媽田園美食坊的地瓜粉與美食需預約，請來電洽
　　　詢。

　　　說到「官老爺休閒農場」至今還是讓我們全家人念念不忘，就
連未來的公司旅遊都計畫著再舊地重遊一番，究竟是什麼神奇的魔
力可以如此抓住我們的心呢？

　　　曾經感受過全家人在竹筏上一起奮鬥的笑聲和逗趣？曾經看過
小朋友坐在秧桶船裡一會兒前，一會兒後，又留連忘返的神情？曾
經嘗過或體驗過自己 DIY 的各種美食或紀念品？曾經有過被一整桌
豐盛澎湃又超級美味的在地創意料理擄獲味蕾嗎？從以上的這些「曾
經」應該就不難發現樂爸所說的吧！

❶ 划竹筏是樂弟最
樂此不疲的活動。
❷ 孩子們自己炒冰。
❸ 孩子坐在秧桶船
裡自己划動前進。

秧桶船和划竹筏是孩子最愛

　　「海水會乾，石頭會爛，咱當天有咒詛……，可比紅毛土去超著沙，黏甲彼呢偎，啊！可比胭脂馬拄到關老爺。」這是一首朗朗上口的閩南語歌歌詞，剛好可以形容「官老爺休閒農場」的主人官燿金大哥和張金霞大姊。

　　是的，此「官」非彼關，但他們夫妻倆無邪靦腆的笑容與親切熱情的對待，讓每位來訪過的遊客皆能賓至如歸，不過印象最深且最受大家歡迎的是他們家裡三位寶貝孫子。可能是從小就常常跟著大人學著如何招呼遊客，在耳濡目染之下，小小年紀的他們練就一口超萌的招呼語，真的是可愛指數爆表！

　　「秧桶船和划竹筏」是讓我們家樂弟最樂此不疲的活動，而且直到現在都還會讓他想著要再次體驗，不過建議大家在體驗前最好先備好換洗衣物，以便替換。

田媽媽美食坊瓜瓜風味餐必嚐

　　除了這些體驗活動外，官老爺休閒農場的另一大重點就是田媽媽田園美食坊，而美食坊的部分則由金霞大姊掌廚。她的瓜瓜風味餐不僅極富創意，將哈密瓜、南瓜⋯⋯等以低油、低鹽、低糖的方

❹ 餐桌上的食材都是自家種植。
❺「官老爺休閒農場」的主人官燿金大哥。
❻ 官老爺休閒農場是位在新南休閒農業區裡。

式來烹調出高纖維超美味料理，其中有哈密瓜雞湯、南瓜米粉、哈密瓜炒杏鮑菇、酥炸南瓜……等等，道道都是招牌，更特別的還有季節限量版的「冬天裡的太陽：冷太陽」。什麼是「冷太陽」？原來官老爺將完整的新鮮草莓整個經過醃製後，急速冷藏而成，口感獨特，酸甜可口，只有在草莓產期限量製作，錯過時，想吃還吃不到喔！

　　文章一開始說了好多的「曾經」，因此期待大家下回能揪團來一趟宜蘭將「曾經」化為「實際的快樂」。

❼ 除了戶外活動，農場也有廣大的腹地舉辦室內活動。

❽ 這可是農場季節限量版的「冬天裡的太陽：冷太陽」。

❾ 南瓜米粉、哈密瓜雞湯、哈密瓜炒杏鮑菇及酥炸南瓜，是金霞大姊的拿手菜。

宜蘭
北部及市區

宜蘭市

一起找「菌」趣！
菌寶貝博物館及觀光工廠

☑導覽　☐採果　☑DIY　☐玩水　☑餐飲　☐住宿

📍 地址：宜蘭市梅洲一路 22 號
📞 電話：03-9281168
📶 網址：www.junbaby.com.tw
🕐 開放時間：AM09：00 ～
　　　　　　PM17：00，全年無休
💲 費用：免門票。乳液 DIY 體驗
　　　　　NT180 元／人（四人成行）

菌寶貝博物館及觀光工廠

　　台語有句俗諺説：「垃圾吃，垃圾大。」換句話説也就是：「不乾不淨，吃了沒病。」但果真如此嗎？不管哪句，總之與「細菌」脱不了關係！而在宜蘭就有座神奇的觀光工廠，不僅是全台灣第一座以微生物為主題的博物館，而且還入選知名旅遊指南《孤獨星球 Lonely Planet》雜誌中關於「世界的祕密奇跡（Secret Marvels of the World）」的介紹喔！

　　因此想要了解大自然界中「菌」的奧妙、體驗益生菌的樂活健康、以及多項有趣又富知識性的食品及保養品 DIY 體驗，那麼就得到「菌寶貝博物館」好好的逛逛了。

❶ 博物館內的介紹
十分豐富,且動線
規畫十分寬敞,適
合各年齡層孩子活
動。
❷ 菌寶貝博物館是
由舊廠房改建的。

老舊的廢棄廠房改建

　　當天為我們導覽的是親切的蕙薰姊姊,曾經擔任過小學老師的她,口齒清晰,條理分明,讓接下來的參觀行程、每一站因她的娓娓道來及生動說明而加分不少。

　　此外,在參觀前先猜猜為何這兒稱「菌寶貝」呢?原來當初取自於台語「勁(很)寶貝」的諧音,用意是要讓來參觀的人們能進一步認識微生物世界,同時也能理解環境中並非只存在壞菌,當然也有各種有益人類的菌寶貝。

　　占地約 2700 坪的博物館,原本是一處老舊的廢棄廠房,歷時二年左右改建而成為目前的規模,在外觀上還搭配了些綠意概念,多增添了一些大自然的氣息。再者,博物館前設有廣大的停車空間,便利自行開車前來的民眾。

❸ 門口不但有廣大
的草坪當停車場,
另外小朋友還可以
餵魚。

由專人導覽及講解微生物的世界

　　然而「菌寶貝博物館」裡頭到底有什麼特色或是活動值得我們一探究竟呢？

　　首先，前往二樓視聽室進行 15 分鐘館內參觀流程簡報影片，並進行有獎徵答。接著由導覽員帶往菌寶貝博物館解說。

　　看過「麵包超人」的小朋友應該對當中的「細菌人、黴菌小鬼」有印象吧？他們總是討厭漂亮的東西跟乾淨的地方而搞破壞。就連小學課本中也對「微生物」相關主題有所提及，因此大家可以透過參訪過程更進一步的了解這個領域。比如其中有一站，蕙薰姊

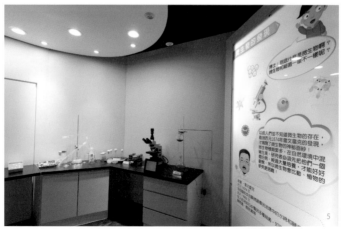

❹ 展覽的說明也淺顯易懂。
❺ 發明家如何用顯微鏡發現了微生物。

❻ 先看影片再有獎
徵答，讓孩子快速
進入微生物的世界。

姊就現場示範顯微鏡，並說明在小學課文中提到的荷蘭人雷文霍克
（Leeuwenhoek），又是如何應用自己做的顯微鏡發現了微生物。
蕙蕙姊姊還說：「微生物的世界博大而精深。」因此「菌寶貝」還
為大家簡單介紹了微生物大小的差異、微生物與生質能源的關係、
微生物的分類、微生物的分布、我們腸道中的好壞菌⋯⋯等等。

❼ 介紹乳酸菌的製
作及對人體的影響。
❽ 館內介紹循序漸
進，讓孩子容易了
解微生物的起源及
生活中影響。

菌寶貝博物館及觀光工廠

導覽後，還可參與保養品 DIY 活動

　　而導覽完後，會依訪客喜好，館方提供了多項食品及保養品 DIY 體驗選擇：北蟲草接菌 DIY（須 8 日前預約）、凍模 DIY、化妝水 DIY、面膜 DIY、乳液 DIY。而我們當天挑選了「乳液 DIY」。

　　不過細心的朋友不知是否會想到「乳液」和「菌」有何關聯嗎？原來我們在製程中會添加「六胜肽」這個原料，它其實是一種類肉毒桿菌素，可減緩臉部的魚尾紋、法令紋等動態紋路。所以這整個過程不僅趣味，而且也富有知識性。

⓫「百鳥朝鳳」牛樟樹雕刻品是鎮館之寶。

　　另外，博物館裡有二項「世界第一」，除了鎮館之寶「百鳥朝鳳」牛樟樹雕刻品之外，另一項世界第一就是第一快牛樟芝子實體培養技術，而這技術能避免濫伐野生牛樟木，保護生態喔！

　　經由「體驗益生菌樂活健康」這樣的宗旨讓大小朋友對於微生物的世界不再枯燥乏味，反而多了手作的趣味以及問答之間的樂趣，下回不妨也來走走吧！

看得見吃得到好味蜜餞，慢活文創新亮點！
橘之鄉形象館

宜蘭
北部及市區

宜蘭市

橘之鄉形象館

☑導覽　☐採果　☑DIY　☐玩水　☑餐飲　☐住宿

📍 地址：宜蘭市梅洲二路 33 號
📞 電話：03-9285758
🛜 網址：www.agrioz.com.tw
🕘 開放時間：週一至週日 08：30 ～
　　　　　　　17：30
💲 費用：參觀免費，金棗蜜餞 DIY 體驗
　　　　 時間 9：00 ～ 17：00，現場預
　　　　 約即可，材料每份 150 元／人，
　　　　 體驗時間約 20 分鐘。若 15 人
　　　　 以上請提早預約。

　　巨大桌椅的童話場景儼然已成為「橘之鄉」最具代表性的標誌，每位造訪的遊客必會在這兒拍照留念。然而不知大家是否注意到巨大高腳椅上的那罐醃漬「金桔」？

　　其實當你仔細觀察，便可以發現那罐中的金桔似乎已呈現半透光的透明狀，若不經說明也不太可能知道，原來這罐「透明金桔」據說還是以前皇帝愛吃的蜜餞，甚至其製作長達三個月時間蜜化、分 10 次加糖如此的耗時繁複。

　　「橘之鄉」第二代傳人林鼎剛表示：很多人都被市面上一些添加香料的「蜜餞」所誤導，以為「蜜餞」一定得像這麼香甜才是真味道。其實我們只要用嗅覺就能分辨有無添加香料了，也因此當大家來到「蜜餞工場」而卻沒有蜜餞味，那就是對的了！

參觀蜜餞工廠兼 DIY 製作

　　「橘之鄉」以透明化的廠房參觀迴廊，由上而下觀察工廠製作流程讓大家能清楚了解蜜餞生產與包裝，而每一個小地方皆有輔助說明，十分貼心。新鮮金棗經過 選果、醃漬、針刺、漂水、殺菁、真空糖漬、熱風乾燥、衛生包裝等過程，變成晶瑩剔透、垂涎可口的金棗蜜餞，完整而透明化的製程，除了解相關知識外，也讓人吃的安心。

❶「橘之鄉」以磚牆、木材及玻璃屋打造觀光工廠的外觀。
❷ 巨大桌椅的童話場景儼然已成為「橘之鄉」最具代表性的標誌。
❸ 這罐「透明金桔」據說是古代皇帝的最愛。

「金棗蜜餞 DIY」一直是「橘之鄉」的招牌活動，就如同第一代主人林陳阿鳳阿嬤說的：「只做自己敢吃的東西。」因此只是單純的加糖與密封搖晃，最後那罐成品裡的金棗，不用多久的時間就被瓜分殆盡了。

橘之鄉形象館

❹「橘之鄉」除了工廠介紹外，現場也陳列許多伴手禮可以帶回。
❺「橘之鄉」陳列許多用不同水果製作的蜜餞罐。
❻ 以透明化的廠房參觀，讓大家能清楚了解蜜餞生產與包裝。
❼ 現場有專人可以解說蜜餞工廠的製作流程。
❽ 猜猜這是「金棗」？或是「金桔」？

❾ 參觀完後可以自己金棗蜜餞 DIY。
❿ + ⓫ 金棗鬆餅與中式鴨賞披薩必吃。
⓬ 自己做的蜜餞，吃起來也安心。

金棗鬆餅與中式鴨賞披薩必吃

　　林鼎剛雖身為第二代接班，但完全沒有所謂「老闆」還是「小開」的模樣，他輕鬆又幽默的口吻逗得我們開懷大笑，而且他還是個兼具教養觀念的好爸爸呢！談話雖輕鬆但內容與內含卻是任重而道遠，比如他對於休閒農業的長遠規畫就非常有想法，而且針對充滿鄉村風的自家咖啡店，也持續開發一些新的點心或產品，特別是金棗鬆餅與中式鴨賞披薩。

　　最後樂爸想請教所有讀者一個簡單的問題：你知道「金棗」與「金桔」有何不同嗎？若你一時忘了或找不出很好的解答，推薦你走訪一趟「橘之鄉」，肯定就像樂爸當初一樣得到滿意的答案。

大小農夫巡田水，邊玩邊吃四季樂
麗野莊園休閒農場

☑導覽　☑採果　☑DIY　☐玩水　☑餐飲　☑住宿

📍 地址：宜蘭市黎明一路 88 號
📞 電話：03-9371478；0912-592-789
📶 網址：www.ctnet.com.tw/liya/
🕐 開放時間：09：00 ～ 17：00，
　　全年無休
💲 費用：蔥仔變盆栽、熊貓蛋、米苔目、歐姆蛋卷、穗穗平安紀念品、農事插秧、割稻、播種等體驗活動等 150 元／人，另挫冰 DIY、鐵牛車 BUS 等活動 100 元／人，需一週前預約。且住宿與體驗活動分開計算，歡迎洽詢。

　　「鋤禾日當午，汗滴禾下土。誰知盤中飧，粒粒皆辛苦。」這是大家耳熟能詳的唐詩《憫農》，最主要是傳達我們每天所吃米飯，每一粒都是農人辛苦耕種而來，因此要珍惜食物，不要浪費。

　　但現在天天在都市叢林中打拚的我們，想見到一塊田地都不容易了，更何況是要親自下田體驗種稻插秧呢？更不用說要像養鴨人家一樣，與鴨子們可以利用語言來溝通？還有利用鴨蛋來烹調簡單美食？親身乘坐鐵牛車？自己推石磨、磨米漿？但這些種種體驗，卻有個好地方全都包了，它就是「麗野莊園」。

坐鐵牛車及 DIY 體驗農村生活

　　陳俊通大哥，一位熱情又快樂的農人，也是「麗野莊園」的主

人。陳大哥給我們的印象總是活潑又開心地分享農場裡有趣的一切。樂爸之前和「東森yoyo嬉遊記」的西瓜哥哥、草莓姊姊一起來錄影時,所體驗到項目真的是讓人印象十分深刻,當然錄影總是無法隨心所欲,於是我們一家人又另外再找了時間特地前來囉!

　　陳大哥曾這麼説道:「身為農夫最期盼擁有一台四輪的鐵牛!我覺得在田野裡開著鐵牛很療癒。」正好農場裡也提供一部鐵牛車讓大夥感同身受,沉浸在田野中的那療癒氣息中。

❶ + ❷ 在田裡踩泥巴裡,好療癒。
❸ 乘坐鐵牛車體驗農村生活。
❹ 莊園門口就是稻田。
❺ 自己挑秧苗,真不簡單。

麗野莊園休閒農場

到「麗野莊園」當一日農夫，大致可分為幾個階段：第一階段是認識稻子的前半輩子——農事體驗。第二階段則是了解稻子的後半輩子——米食DIY。

然而這只就大方向來區分，裡頭還各自包含琳琅滿目的有趣活動，如：挑秧苗、鐵牛車載秧苗、插秧教學、體驗插秧、坐秧苗車、推石磨做米漿、米粿、米苔目DIY、煮米苔目吃點心、食農體驗、鴨子語言教學、按摩小鴨、觀察母鴨孵蛋、撿鴨蛋、歐姆蛋卷DIY、手做紀念品……等，不過有時活動會因應季節或其他因素做調整，而其中大部分是不變的，真的有趣又好有意義。

❻ 拿著飼料，叫「麗、麗、麗」，小鴨就搖搖晃晃的向我們靠過來。
❼ 在這裡還可撿鴨蛋。
❽ 用莊園自產的鴨蛋製作歐姆蛋卷。

12

❾ 莊園還有一台老舊的挫冰機可使用。

❿ + ⓫ 在這裡可以自己推石磨、磨米漿,變身一日古代農民。

⓬ + ⓭ 在主人介紹下,知道稻米的秧苗如何長成。

學習跟鴨子溝通及撿鴨蛋做歐姆蛋卷

其中特別是「鴨子語言教學」,只要透過像是「麗、麗、麗」的仿音,並拿著飼料,那成群的小鴨就搖搖晃晃的向我們靠過來,真的太可愛了,而「麗、麗」就彷彿是在與「『粒粒』皆辛苦」一詞來相呼應呢!

另外,以最新鮮鴨蛋自行現做的歐姆蛋卷,真的有別於一般雞蛋,而更香更 Q,當然有時間的話,每一樣活動都相當值得參與。

陳大哥當時創立「麗野莊園」是希望趁年輕時帶著熱血離開城市,回到宜蘭尋找心裡深處的夢想,他曾說:「務農很辛苦,還是有人會投入,這就是它甜蜜的所在。」我想這應該就是為什麼每次都能看到笑容滿面的陳大哥吧!他也由衷的希望透過「麗野莊園」讓小朋友在休閒中學習,給他們鼓勵,讓他們勇於嘗試,感受美妙的驚喜!

Chapter 2

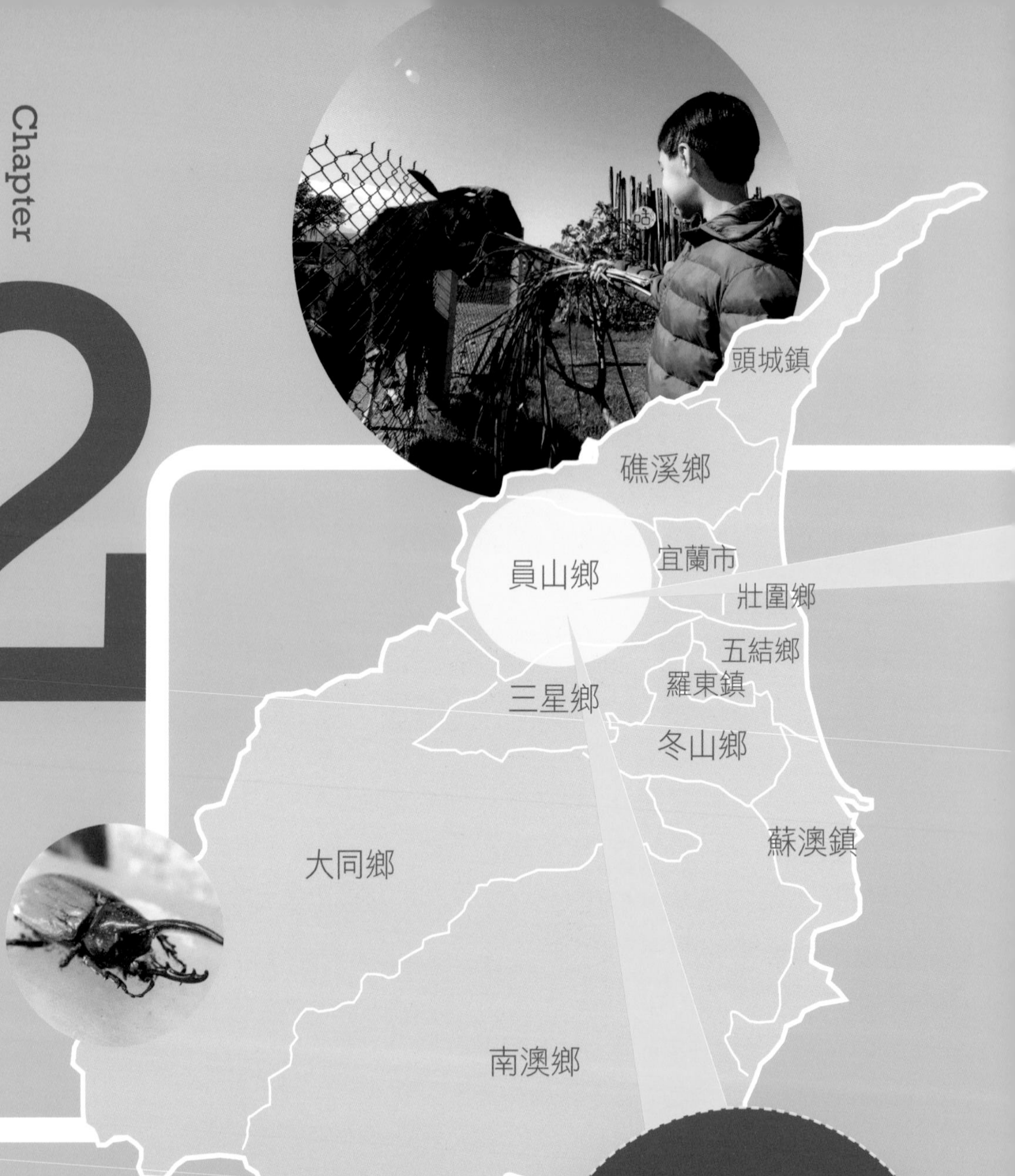
頭城鎮
礁溪鄉
員山鄉
宜蘭市
壯圍鄉
五結鄉
羅東鎮
三星鄉
冬山鄉
蘇澳鎮
大同鄉
南澳鄉

01 張媽媽有機竹筍園
02 麗景花園民宿
03 花泉休閒農場
04 勝洋水草休閒農場

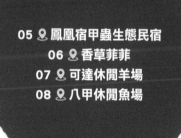

05 📍 鳳凰宿甲蟲生態民宿
06 📍 香草菲菲
07 📍 可達休閒羊場
08 📍 八甲休閒魚場

深入
宜蘭西部山區
田野樂趣

員山鄉

自然農法自給自足的深度體驗！
張媽媽有機竹筍園

☑ 導覽　☑ 採果　☑ DIY　☐ 玩水　☑ 餐飲　☐ 住宿

員山鄉

張媽媽有機竹筍園

📍 地址：宜蘭縣員山鄉頭分村 2 鄰頭分路 12 號
📞 電話：0933-985262
📶 網址：0933985262.mmweb.tw
🕐 開放時間：08：00 ～ 18：00
　　但園區僅受理前一天預約，當日的僅有採竹筍體驗、採地瓜葉體驗及除草體驗。另外，為保護地球，餐廳沒有冷氣，不提供飲料及杯子。
💲 費用：免門票。但有提供採有機竹筍以斤計算，大約 1 斤 100 元（但以現場價格為準）。還有張媽媽竹筍風味餐一桌 10 人 3000 元或 4000 元。

　　「率真質樸」是張媽媽給人的第一印象。原本只是位傳統的農家主婦，隨著孩子們漸漸長大而利用時間加入社團進修。因緣際會之下，張媽媽在這期間中學習了相當多的技能，其中也包含了改變他們家轉捩點的有機農業。「當初我做有機竹筍拿到市場去賣，有八成的消費者認為我是傻瓜……」本名為「張淑淨」的張媽媽回憶著。

　　當我們抵達時，一位不苟言笑的壯碩男子出來迎接我們，他是這裡另一個靈魂人物──張媽媽的兒子──橫山頭休閒農業區遊客中心總幹事「李智偉」。然而經大半天的相處才了解到原來他是個外冷內熱，熱心助人的悶騷男。

❶ 創辦張媽媽有機竹筍園的張淑淨。

　　「張媽媽有機竹筍園」沒有什麼富麗堂皇的外觀裝飾，有的是獨特的農家體驗；也沒有準備什麼山珍海味，但無論是風味合菜或是各項美食 DIY，總是讓人印象深刻；更沒有什麼 VIP 貴賓服務，但有的是濃濃的農家人情味。到「張媽媽有機竹筍園」只要放鬆都市裡那顆緊張的心，好好享受箇中樂趣，定能回味無窮。

❷ 連招牌及竹風鈴都是自己動手做的。
❸ 張媽媽的兒子，同時也是張媽媽有機竹筍園的靈魂人物、橫山頭休閒農業區遊客中心總幹事──李智偉。
❹ 張媽媽有機竹筍園沒有什麼富麗堂皇的外觀裝飾，有的是此處獨特的農家生活及體驗。

從挖竹筍、竹筒飯、包粽子都自己來

「張媽媽有機竹筍園」的活動相當多元，比如有：挖竹筍體驗（自己動手挖麻竹筍、綠竹筍、紅毛筍）、自己動手採地瓜葉與竹筍葉、各項 DIY 體驗，例如竹筒飯、黃金粽、蔥油餅、竹筒肉包、韭菜盒子、捏麵包、作桂竹筒包、煎餃、竹編（鳥、馬、魚、竹編彩繪）等等，還有提供家鄉合菜或簡易農村套餐等無菜單料理。

當天帶著樂弟紮紮實實的從頭至尾為自己和家人準備了所有的餐點，包括了竹筒肉包、竹筒飯、黃金粽可説是從無到有，親身體驗，其中製作竹筒飯與黃金粽所需的葉子，我們也跟著張媽媽和智偉一起到他們的園區裡親自採收，而且也乘機學習了很多相關知識，這也讓終日在都市生活的樂弟好好的上了一堂有趣的體驗課。

在看似平凡的「張媽媽有機竹筍園」裡，不只有得吃而已，還有得玩喔！大、小朋友可以學習農村生活中的踩高蹺遊戲，而且還可以在一旁大玩特玩盪鞦韆呢！而令人興奮的時刻當然就是早先 DIY 的各項食物要開鍋了，這當中最讓我們家樂弟讚不絕口的就是那帶有竹香的竹筒飯，香 Q 美味，讓他一筒接著一筒。

❺ 在張媽媽親自指導下，樂弟自己包竹筒肉包。

❻ 竹筒飯在製作前，在李智偉大哥的指導下要先自己鋸竹子。

❼ 包粽子啦！

❽ 包粽子就更費工了，還要自己摘粽葉、洗粽葉。

❾ 在旁人扶持下，樂弟終於會踩高蹺。
❿ 所有食材來自有機無毒的栽種法，且採健康的料理方式，吃得到真材實料。
⓫ 張媽媽的油飯超級好吃，又不油膩！
⓬ 這是黃金粽！
⓭ 熱呼呼的包子及粽子，讓人不由得食指大動。

體驗身體無負擔的有機竹筍餐

　　正如同張媽媽曾說的：「一路走來跌跌撞撞，從中學習。『張媽媽有機竹筍園』從簡陋的場地豬舍，到目前蓋出一間可以請客、也可以體驗DIY、也可以坐下來上課、聊天的場地，也因為我的堅持，可以讓遊客無負擔的享受一頓不論涼拌、煮湯、炒、燉皆可的有機竹筍餐。」

　　你心動了嗎？不妨找個時間帶著家人或是與三五好友相約一起來「張媽媽有機竹筍園」體驗看看吧！

⓭ 空閒時間還可以在一旁大玩特玩盪鞦韆
⓮ 自己做的料理，好吃到連樂弟都說讚！

歐風慢活，微笑好客
麗景花園民宿

☐導覽　☐採果　☐DIY　☐玩水　☐餐飲　☑住宿

📍 地址：宜蘭縣員山鄉員山村金
　　　　古一路 1 巷 45 號

📞 電話：03-9229170；
　　　　0911-629237

📶 網址：www.lichingbnb.com.tw

🕘 開放時間：AM09：00 ～
　　　　　　PM17：00
　　　　　　全年無休

💲 費用：住宿房型請洽網站，
　　　　並有自行車、行程安排、
　　　　旅遊諮詢、烤肉代訂服務。

宜蘭
西部山區
田野樂

員山鄉

麗景花園民宿

　　「吃飽了沒？把這兒當自己的家，放輕鬆。」外頭細雨綿綿，下了一整天的雨正好提醒我們來到了「尚『水』宜蘭」，這時「麗景花園」的主人王姊為了迎接我們，剛從外頭風塵僕僕的進來並親切的這麼問候著。

　　原本以為只是客氣問候，沒想到只是聽到樂弟有點肚子餓的詢問聲，王姊卻細心的幫我們準備了點心，真是溫暖又窩心。曾住過了許多大大小小國內外的民宿，「麗景花園」雖沒有像其他地方那種華麗的裝潢，但能像主人這般貼心的招呼客人實屬難得。

房型多樣化，符合各種旅客需求

　　「麗景花園民宿」的房型共分為：典雅四人套房、雅緻四人套房、夢幻四人套房、景觀四人套房、浪漫二人套房，每間房設備齊全、寬敞舒適、簡約高雅，各具特色。以我們所住的景觀四人套房為例，後面的視野即為一望無際的田野，而房內除了既定的設施外，還有一張沙發床可供靈活用活，原則依照房型基本人數入住，若多一人則會加收該人的費用。另外，這裡也非常適合多人來此包棟住宿或開趴，且極富 C/P 值喔！

❶「麗景花園民宿」前後方皆具備了偌大的戶外庭園。
❷ 一樓客廳與餐廳也擁有寬敞舒適的室內空間。
❸ 樂弟一進來就先癱在沙發上，手裡拿著主人王姊準備的汽球玩具。

「麗景花園民宿」前後方皆具備了偌大的戶外庭園，一樓客廳與餐廳也擁有寬敞舒適的室內空間，若大家有需要王姊還會熱心的為你提供旅遊諮詢、行程安排等，而且也可借用自行車讓你在蘭陽田梗間漫遊。剛提及若是多人來到「麗景花園」時，這裡還可以提供免費烤肉場地，甚至若自己不方便準備烤肉食材，他們還能代辦烤肉食材服務，真的是全套的服務，一應俱全。

鄰近宜蘭景點，出入旅遊便利

　　「麗景花園民宿」週邊鄰近的景點也相當多，舉凡像是台灣戲劇館、宜蘭運動公園、宜蘭文學館、宜蘭設治紀念館、宜蘭河濱公園、宜蘭酒廠、甲子蘭酒文物館、宜蘭幸福轉運站、宜蘭幾米星空車站、幾米廣場……等，這些大多離民宿 2 公里左右的距離喔！所以參觀都很便利。

員山鄉

麗景花園民宿

❹+❺ 色彩繽紛且多樣化房型，可以提供不同家庭及旅客需求。

❻ 提前預訂,還有
機會可品嘗到別具
風味的烤雞。
❼ 女主人王姊注重
養生健康,手工小
麥麵包口感紮實又
好吃。
❽ 豐盛早餐提供一
天活力。

　　位於田野中央,獨棟鄉村風格別墅的「麗景花園民宿」早餐也
相當豐盛,除了美味外,王姊也注重養生健康,若是提前預訂,還
有機會可品嘗到別具風味的烤雞喔!心動了嗎?下回不管是出差或
是旅遊、聚會,「麗景花園民宿」都可以列入你住宿的優選名單中。

水中鞦韆抓魚蝦，DIY 美食遊祕境！
花泉休閒農場

☑ 導覽　☑ 採果　☑ DIY　☑ 玩水　☑ 餐飲　☐ 住宿

員山鄉

花泉休閒農場

📍 地址：宜蘭縣員山鄉八甲路 15 之 1 號
📞 電話：03-9221506；0919-221506
📶 網址：www.facebook.com/
　　　　f039221506/
🕐 開放時間：10：00 ～ 17：00
　　　　　　全年無休
💲 費用：門票 100 元／人（100 公分以下
　　　　兒童免費），可折抵場內消費，
　　　　不可合併使用。

　　「夾岸數百步，中無雜樹，芳草鮮美，落英繽紛……，土地平曠，屋舍儼然。有良田美池桑竹之屬，阡陌交通，雞犬相聞。」這段文字摘錄自晉朝陶淵明的《桃花源記》，為什麼引用它作為開場呢？只因來到「花泉」，就彷彿進入一處世外桃源，頃刻間讓人忘記時間的流轉與日常的煩憂。

在天然湧泉水上面盪鞦韆

　　「緣溪行，忘路之遠近」，迎面而來的不是「忽逢桃花林」，但卻能讓所有人為之驚豔的「水中鞦韆」。沒錯，的確沒眼花！大、小朋友可以在這天然的湧泉水中戲水、盪鞦韆，甚至園區內所有的小溪、池塘都可以任你撈魚、抓蝦，這是終日在城市生活的孩子所

❶ 來這裡可以讓孩子撈魚抓蝦。
❷ 孩子抓到蝦子很有成就感。記得要放回溪裡，做好生態保育。

無法想像的吧？可別以為這只是宣傳噱頭，我們家樂弟當天就真的捕捉到一尾大蝦喔！而此時也是為孩子進行生態環保教育的好時機，因將其再放生回原來的地方，避免破壞。再者，雖然「花泉」裡尚無「桃花林」，但卻有滿滿的「野薑花」與草木蘢蔥的景色。

在進行 DIY 活動前，我們先跟著導覽員到園區內摘食材、認識植物。導覽的過程生動又趣味，一會兒聞一聞、嘗一嘗，一會兒摸一摸、搓一搓。正如農場女主人同時也是當天的導覽員說：「花泉一直很重視食農教育這部分，就是能讓來這裡的看得到，吃得到，吃得安心、玩得開心，相對全家都放心。」

❸ 走在花泉休閒農場木棧道上，像是進入陶淵明的桃花源記。

❹ 在導覽員教導下,還可以把葉子當哨子吹。
❺ 跟著導覽員到園區內摘食材、認識植物。
❻ 沒看錯,孩子可以在天然的湧泉水上面溜鞦韆。

金棗麵條及不老養生小火鍋吃到健康

　　藉由食農教育的發想,「花泉」進而推出了「金棗手作麵條DIY」活動,這當中加入了白米粉,讓食農理念更為落實,另外更融入了宜蘭當季在地特色農產――金棗,並將其化為汁之後混入手作麵條,別具意義。整個過程完全由小朋友自行操作,大人也可另外為自己手作一份,完全不必為孩子擔心,因為講師的細心指導即可讓整個過程順利完成。只見我們家樂弟經由抹油、加料、和麵糰、擀麵、壓麵皮、灑粉、切麵條、煮麵條到燙青菜及淋肉燥,從陌生到信手拈來,光是在一旁當觀眾的我就為之喝采了,更何況是他自己頗有成就感呢!

❻

❼ 和麵糰、擀麵、壓麵皮、灑粉、切麵條一氣呵成。❽ 要來做金棗麵條。❾ 自己做的麵條吃起來就是好吃。

❼

❽

❾

❿ 自己做的手作麵
條搭配肉醬，超好
吃！
⓫「不老養生小火
鍋」裡面都是從園
區現採的新鮮有機
食材。

　　「不老養生小火鍋」採用新鮮有機食材，特別包含在導覽過程
所摘回來的有機蔬菜，可説是園區裡當天有什麼，我們摘什麼而吃
什麼，有意義又有趣吧？另外再嘗嘗辛苦了大半天的「金棗手作麵
條」，樂爸用五個字來形容「真不是蓋的！」再外加三個字——「好
好吃！」

撈魚抓蝦摸蜆的好去處

　　孩子可透過「香草體驗活動」來認識香草植物，進而採集香草來自行製作防蚊乳液，相當適合外出遊玩時來使用。不過最受歡迎的應是撈魚、抓蝦、摸蜆體驗與小小水族箱製作。因為孩子們如同先前樂爸所提，可以借用小網、盆在園區內抓魚、蝦，而後就可放入生態瓶內，自行製作小小水族箱，最終再帶回家觀賞，真的讓孩子們留連忘返。

　　「池溏的水滿了，雨也停了。田邊的稀泥裡，到處是泥鰍。…咱們去抓泥鰍。」這首民歌時期侯德健寫的「捉泥鰍」如同花泉農場的寫照。主人楊六科大哥說，他的花泉農場這麼個小天地，恰好還能滿足歌詞內容，然而現在小朋友真的不容易找到抓魚、撈蝦、戲水的地方了。他真心歡迎所有人來一趟「花泉」，期待朋友們能和泥土一起健康成長，而多多接受大自然洗禮。

水草神農化腐為奇，創新人文生態趣淘！
勝洋水草休閒農場

☑ 導覽　☐ 採果　☑ DIY　☐ 玩水　☑ 餐飲　☐ 住宿

員
山
鄉

勝
洋
水
草
休
閒
農
場

📍 地址：宜蘭縣員山鄉八甲路 15 之 6 號
📞 電話：03-9222487（訂餐專線
　　　　03-9225300）
📶 網址：www.sy-water.com.tw
🕘 開放時間：09：00 ～ 17：00
　　　　　　全年無休
💲 費用：門票 100 元，可抵農場消費。並
有提供半日及一日遊的深度行程
，內容包含：生態池專業解説、
園區導覽、解説人員提供問題解
答、水草大餐及各種生態瓶 DIY
活動，歡迎洽詢。

　　「徐志雄」這個名字，老實説在樂爸採訪前真的不知何許人也？但是，從認識他那一刻起，「敬佩」二字就時時存在我對他的心中。他是「勝洋水草休閒農場」的主人，皮膚黝黑，身材中等，笑起來有點靦腆、有點木訥且感覺話不多，然而一旦談起宜蘭的休閒農業、水草養殖、手工筆製作……等其他文創發想，或是未來的藍圖，他總能滔滔不絕、一針見血的説出在地人的心聲與看法。

　　於是「徐志雄」對於樂爸來説，就像是一部連載小説，背後的故事，高潮迭起，許多成功與失敗間的甘苦，夾雜很多不足為外人

❶「勝洋水草休閒
農場」的主人徐志
雄。
❷ 徐志雄自行研發
植栽自動補水系統，
不怕忘了澆水。

道的辛苦，特別是當大家關注他光鮮的成就時，如：獲得 2009 年十
大神農獎、成為國內最大的水草栽培業者、水草達人，甚至幾乎連
歷任總統，或院長、首長⋯⋯等長官們也都曾親自造訪過「勝洋水
草」，更何況是各大媒體、電視節目與名人們，但「勝洋水草」卻
沒有因此而停止創新，甚至要把這產業的餅做大，讓大家一起共好！

③

勝
洋
水
草
休
閒
農
場

吸睛有趣的海水蝦生態瓶 DIY

　　「勝洋水草休閒農場」大致可分為：養殖區、去角質區、文化館、水草餐廳、生態區、甲蟲區、DIY 場區、水草溫室、水草精品、戲水區、打水仗、竹筏樂、釣魚區、摸蛤區、小溪、可愛動物區、販賣部與本草鋼木手創館。

　　跟著親切又專業的導覽姊姊將完整的了解整個農場，以及園內的生態環境，比如有獨角仙留過痕跡的光蠟樹、狀似台灣形狀的小池塘、日本紙莎草、梭魚草、台灣原生種睡蓮、紅冠水鴨、白鷺鷥、各種水鳥……等等，就像是來到一座超大型的自然教室，不只如此，農場內還提供了小火車可供小朋友遊玩，以及各種 DIY 活動。另外，農場也根據遊客的需求制定出半日遊與一日遊的套裝行程，至於相關細節就等你親自向服務人員洽詢了。

　　説到「勝洋水草」的 DIY 活動可是相當有趣又吸睛，分別有海
水蝦生態瓶、藻球瓶、古早釣魚體驗，若是團體遊客還會有淡水蝦
生態瓶、開運球與急凍魔術花。值得一提的是像海水蝦生態瓶的特
色，當中的蝦子無須換水、無須餵食即可平均壽命存活達 2 年以上
喔！以我們家樂弟生態瓶中的夏威夷火山蝦為例，至今還是悠然的
游來游去呢！

勝洋水草休閒農場

❼ 玩水泡腳讓魚去角質。
❽ 文化館裡詳細介紹各式各樣的水草種類及生態。

❾ 在這裡可以釣魚。
❿ 可以至戲水區打水仗。

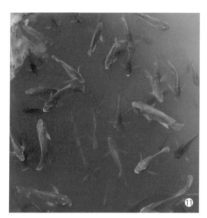

⑪ 自家用員山水質飼養的吳郭魚肉質肥大細緻，吃起來又完全無土味及腥味。
⑫ 豪華火烤水煮魚雙人套餐是招牌菜。

以水草為食材的無菜單創意料理

　　「水草餐廳」經常以各式水草為食材推出無菜單創意料理，也會不斷隨季節更換菜色，精益求精，特別像是 2018 年才全新推出的創新菜色——「豪華火烤水煮魚雙人套餐」，以「勝洋水草」自己優良員山水質所飼養的吳郭魚為主要食材，完全無土味及腥味，肉質鮮嫩，再輔以餐廳的中藥配方、各式食材，最重要的宛如特技團起手式的點火秀，在大飽口福前就先來一場視覺饗宴，真是棒極了！

　　徐志雄當年開始水草事業是有段故事性經過。因為爸爸早期是在這養鰻魚的，生意很好，所以他們家是村裡第一個有轎車、電話、電視。然而鰻魚產業在民國 70 年代走下坡，之後只好先當兵了。

⑬ + ⑭ 樂弟 DIY
生態瓶中的夏威
夷火山蝦，不用
換水及餵食可以
活 2 年以上。

不過天無絕人之路，此時他還遇到人生第一個貴人，而開始接觸水草。只是當時沒有人看好，因為農地就是要種蔬菜水果或稻米，怎麼只有「志雄」這個傻子在種「雜草」？後來他萌生開店念頭時，爸爸為了讓他碰軟釘子，於是說：「我幫你問佛祖，他說可以就可以，不行就作罷！」沒想到，佛祖說：「NO！」後來拖了好多年，某天在朋友的慫恿下先斬後奏，再回報家人，後來也是因緣際會到文化中心展示，再加上他自己鍥而不捨，堅定不移的精神才走到今天。

　　因此，來到「勝洋水草休閒農場」不只是一場大自然的戶外體驗，而且也是支持一個為在地鄉土打拚的年輕人，甚至是一群人的一種實際行動。

⓯ 水草餐廳的落地窗將水池及遠山的戶外美景全收錄。
⓰＋⓱ 本草鋼木手創館裡面有許多結合木作的手藝品，還有鋼筆製作。
⓲ 販賣部。

變身甲蟲王者還能專享小木屋
鳳凰宿甲蟲生態民宿

宜蘭
西部山區
田野樂

員山鄉

鳳凰宿甲蟲生態民宿

☑導覽　☐採果　☑DIY　☐玩水　☑餐飲　☑住宿

📍 地址：宜蘭縣員山鄉內城村榮光路 481
　　巷 4 弄 4 號
📞 電話：03-9229809；0912-296248
📶 網址：www.phoenixhouse.com.tw
🕐 開放時間：民宿 09：00 ～ 17：00，
　　甲蟲生態館 09：00 ～ 10：00，
　　全年無休
💲 費用：住宿者在甲蟲生態館、甲蟲創意彩繪
　　DIY，消費購物全館 9 折優惠。另有
　　套裝行程，歡迎洽詢。

　　你看過什麼是「幽靈竹節蟲」嗎？你知道有一種「竹節蟲」受騷擾時會散發一股很濃的「人參味」嗎？你了解或實際幫甲蟲的幼蟲換土嗎？如果以上的回答皆「否」！沒關係，來一趟「鳳凰宿甲蟲生態民宿」保證讓我們收穫滿滿。

　　「鳳凰宿甲蟲生態民宿」也可說是一間「甲蟲生態館」。喜歡泡茶聊天的主人邱大哥，回憶起他小的時候，就對各類甲蟲極感興趣，經常到處探索其踪跡，直到退休後原本只是打算過著優閒的生活，卻沒想到將兒時的喜好結合退休後的生活，日復一日的進行甲蟲復育及推廣教育，然而漸漸許多甲蟲愛好者開始慕名前來，為方便活動的進行與遠來的訪客才有了木屋型態的住宿環境，而將「甲蟲生態館」與「木屋民宿」結合，成為今日的「鳳凰宿甲蟲生態民宿」。

❶ 鳳凰宿甲蟲生態民宿及甲蟲生態館的男主人邱大哥。
❷ 鳳凰宿甲蟲生態民宿還提供腳踏車，讓大家慢遊宜蘭員山鄉附近景色。

DIY 檜木香鑰匙圈

陳姊是優雅的民宿女主人，不過可別小看她喔！她可是十八般武藝俱全，舉凡館內的各項手工藝與多種美食料理無不精通，真稱得上是邱大哥的賢內助。特別是那深具檜木香的 DIY 鑰匙圈，我們可是經由陳姊細心教導之下才大功告成的。而且若不特別注意那一入口就讓人回味無窮的鳳梨豆腐乳，原來也是陳姊自己醃漬自製而成的，不僅可口又特別。

門口那超大張的學生證正好適逢休閒農業區舉辦「同學會」相關主題活動所發想出來的創意設計，而環顧民宿四周正好如「山明水秀」這四個字所形容那般。鄰近的「內城社區」，乃是以鐵牛力阿卡聞名，此時正好路過民宿前，據邱大哥轉述，大多數的遊客都在前方下車後，轉乘鐵牛力阿卡進入農業區內飽覽田園景致。

❸ 將「甲蟲生態館」與「木屋民宿」結合遂有了今日的「鳳凰宿甲蟲生態民宿」。

鳳凰宿甲蟲生態民宿

❹ 門口那超大張的學生
證成為拍照熱門景點。
❺ 鄰近的「內城社區」,
乃是以鐵牛力阿卡聞名,
會經過民宿前。
❻ 主館內陳列的物品都
是民宿女主人的心血。

甲蟲生態館是重頭戲

　　另外搭配住宿,館方也推出各種搭配活動行程可供民眾先行預
約選擇,在這此活動中,比如有:DIY 甲蟲彩繪、手工麻糬 DIY、鐵
牛力阿卡遊園、每晚 8 點出發的夜間觀察探險隊(賞螢、觀蛙、看
甲蟲)。

　　而「甲蟲生態館」主要位於二樓,開放時間只有每日早上九點
到十點約一小時的時間,其他時間皆不開放。所以早上九點一到,
我們隨即跟著邱大哥的腳步進到二樓的生態館。一進到館內,邱大
哥彷彿是甲蟲教科書上身,眼神發光,滔滔不絕的為大家細心解說。
當然除了眼到、耳到外,邱大哥還會視情況讓我們實際體驗如:手

❻

❼ 鳳凰宿甲蟲生態民宿走小木屋風格，環境優雅，室內有濃濃的檜木味。❽ + ❾ 在民宿女主人陳姊細心教導下完成深具檜木香的 DIY 鑰匙圈。

❼

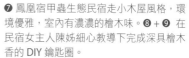

❽

❾

到及聞到，特別是一開始所提的「人參味」竹節蟲，乍看之下就像是一根雜草，偽裝得十分良好，不仔細觀察真的很難發現，一旦受騷擾時就會散發一股很濃的「人參味」，而這種竹節蟲就是台灣「棉桿竹節蟲」。

⑩ 位在二樓的甲蟲生態館每天只開放一小時。

⑪＋⑫ 這裡蒐集各式各樣的甲蟲。

⑬ 除了甲蟲，邱大哥在現場還教授不少昆蟲的知識。

⓮ 這是獨角仙的
幼蟲。
⓯ 邱大哥教我們
怎麼幫甲蟲的幼蟲
換土。

　　另外，邱大哥還會結合小學自然課本所提及的內容引發孩子們
的學習興趣，再者現場還能實際讓我們操作如何幫甲蟲的幼蟲換土，
以及觀察幼蟲的活動喔！當然現場還有各種栩栩如生的甲蟲標本，
也是邱大哥的傑作，甚至有小朋友從台北專程來委託他製作標本呢！

　　邱大哥說：「某些特殊的甲蟲不是想買就賣。必須要先上過我
的課，而且還得讓我確認你們知道怎麼養，另外出售之後，我還會
定期的追縱！至於一般的甲蟲，也要經過解說，至少讓孩子們了解
其成長過程再讓他們買回家」。因此，想來一趟有趣的田園生態之
旅嗎？趕快來一趟「鳳凰宿甲蟲生態民宿」。

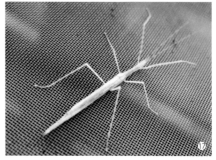

⓰ 這是幽靈竹節蟲。
⓱ 竹節蟲會散發人參味。

花樹下的香「味」食旅
香草菲菲

宜蘭
西部山區
田野樂

員山鄉

香草菲菲

☐ 導覽　☐ 採果　☑ DIY　☐ 玩水　☑ 餐飲　☐ 住宿

📍 地址：宜蘭縣員山鄉內城路 650 號
📞 電話：03-9229933
📶 網址：artemisgarden10103.
incdoor.com
🕐 開放時間：09：00 ～ 18：00，
每週一休園。另天空步道
開放時間為 09：00 ～
11：30、14：00 ～ 17：30
💲 費用：場地清潔維護費 100 元／
人，可抵用園區內消費。

　　「花瓣鋪滿了一地，就像往事的腳印，我終於又回到這裡…，有一天我們會在花樹下相遇。」這來自許仁杰「花樹下的約定」歌詞，它讓我不經意的想起「香草菲菲」。

　　是的，多年後我們「又回到這裡」。但是，樂弟已經九歲多了，好快！

　　這次的再訪是真的猶如「花樹下的約定」，只不過，我們是幸福的在花樹下共進家庭午餐。

在花樹下用餐的幸福

　　在這座花園 Buffet 裡用餐，陽光灑落地板，周圍又瀰漫著花草香氣，猶如在森林花園中野餐那般愜意優閒，再加上餐廳內的各項

料理以創新概念結合花草香料加以烹調，而且更融入了宜蘭在地的特色與食材，不僅精緻多元，而且美味可口，讓大人和小孩都能自在的挑選到自己滿意的菜肴，再配合寬敞、自然的用餐空間那種氣氛是在別的地方很難找的到的。

　　來到「香草菲菲」，那麼天然精油芳香體驗區的「香菲體驗室」一定要進去聞香看看，那雅緻的小屋是專為我們品香放鬆所營造的完善空間。位於二樓近天空步道的「香菲圖書」彷彿偶像劇的場景重現，那柔和的窗光和屋內的藤蔓交錯，場域內瀰漫著一縷書香與花香，這時若假扮一下男女主角那樣上身的白日夢也無可厚非。

❶ 以「香味」主題的芳香植物體驗館「香草菲菲」的誕生，源自 2001 年宜蘭綠色博覽會。
❷ 多年再來香草菲菲，樂弟已經九歲。
❸ 每次看到此景，讓我連想到歌手許仁杰「花樹下的約定」。

漫步「天空步道」的浪漫

漫步「天空步道」穿梭在許多藤蔓性植物與多種吊掛花卉盆栽間，同時享受陽光穿透過那一抹綠的浪漫與逍遙，讓人心曠神怡。

「香菲 DIY 教室」裡的各項活動是相當受到遊客們的喜愛，而且館方特別以植物、香氛，以及調香三大類別來加以區分設計，極富用心，也希望透過這類的課程讓大家多親近自然，了解植物，愛護環境。

❹穿梭在許多藤蔓性植物與多種吊掛花卉盆栽間的「天空步道」。❺ 餐廳以 Buffet 形式呈現，滿足大人小孩的口味。
❻ 在香草包圍下用餐，感覺十分新奇。

❼ 三樓後方的觀景
台還可以欣賞到太
陽湖的湖光山色。
❽ 「香草菲菲」也
提供各式各樣的跟
香草及植栽有關的
DIY 活動。
❾ 如同偶像劇的舞
台。

　　另外，三樓後方的觀景台還可以欣賞到太陽湖的湖光山色或是
落日餘暉，太陽湖四季之美在此皆能盡收眼底。

　　2001 年宜蘭綠色博覽會的芳菲館，點燃了芳香植物園的夢想，
幾年後夢想的種子萌芽，最終「香味」主題的芳香植物體驗館「香
草菲菲」誕生了。未來他們還會繼續進行香花推廣，以成立「台灣
香花公園」之願景作準備，而想要紓解生活壓力、有益自身健康的
我們也可以利用時間到「香草菲菲」體驗那幸福香味。

宜蘭
西部山區
田野樂

擠羊奶餵ㄋㄟㄋㄟ，非吃不可羊奶 Pizza DIY
可達休閒羊場

☑導覽　☑採果　☑DIY　☐玩水　☑餐飲　☐住宿

員山鄉

可達休閒羊場

📍 地址：宜蘭縣員山鄉惠深二路二段 125 號
📞 電話：03-9585509
📶 網址：keda.ho.net.tw
🕘 開放時間：09：00 ～ 17：00，全年無休
💲 費用：免門票。餵食動物體驗 20 元／次，
　　　　另有擠羊奶、羊奶 Pizza 及造型饅
　　　　頭 DIY 等活動需預約，請事先洽詢。

　　免門票，又可看到滿場可愛的羊咩咩，以及琳琅滿目的小動物
們，我想應該讓有孩子的家長們趨之若鶩吧！這麼一個適合帶小朋
友全家出遊的好地方究竟是哪兒呢？它就是位於宜蘭縣員山鄉的「可
達休閒羊場」。

　　「可達羊場」的主人——嚴國順大哥從事牧羊業已超過二十年
以上，光是這點他就比西漢的「蘇武」還厲害，因為「蘇武」當時
在北海牧羊了 19 年，國順大哥儼然已經超越他了。另外國順大哥同
時也是宜蘭縣羊乳產銷班的成員之一，只要一聊起自家的羊咩咩，
就有說不完的牧羊經，簡直就像是個「羊博士」。近年來他也配合
政府推廣休閒產業，因此漸漸轉型而成為一處熱門體驗牧羊生活的
景點。

❶ 可達羊場的主人嚴國順從事牧羊業已超過二十年以上，經驗豐富。
❷ 還有養雞。
❸ 這裡還有養兔子，超大活動空間可以跑。

與可愛的羊咩咩零距離接觸

　　進到「可達羊場」內，一定要參與擠羊奶、餵食羊咩咩喝奶、吃牧草等體驗，這樣與可愛的羊咩咩零距離接觸的機會十分難得。再者，羊場裡還有許多其他動物如兔子、天竺鼠、白鴿、鴨子等可愛動物，也可以餵食互動，並且國順大哥會在一旁視情況解說。否則一開始提到的「免門票」，進來之後有很多動物上的問題或疑問是不會得到任何解答的，這樣未免有點可惜，就猶如入寶山空手而

可達休閒羊場

回的意思一樣。除了得到知識性的增長外,親子之間也能藉機獲得滿滿的幸福時光。另外場內也提供各式營養、健康的羊奶製品,像是羊奶饅頭、冰棒、奶酪、鬆餅、咖啡、奶茶等,都可以嘗嘗看喔!可達羊場,是全家大小出遊休閒的好去處。

❹ 餵食羊咩咩喝奶。
❺ 餵羊吃牧草。
❻ 餵雞及鴿子。
❼ 牧場內還可以餵兔子吃紅蘿蔔。

❽ 體驗擠羊奶的樂趣。
❾ 羊奶現擠現喝很新鮮。
❿ 羊奶 DIY 教室。
⓫ 自己做羊奶 Pizza。
⓬ 烤出來的手工披薩的美味程度真是無法形容的。

DIY 羊奶 Pizza 好吃又好玩

　　目前羊場正準備推廣讓遊客體驗 DIY 羊奶 Pizza 的活動，雖然這類的活動好像很多地方皆在推展，但是可達自行研發的麵糰，調和適當的比例與加入自家的新鮮羊奶，那烤出來的手工披薩的美味程度是無法形容的。香脆中還帶有 Q 度的羊奶味 Pizza 真心推薦大家有機會一定要來體驗看看，不過記得要先行預約喔！

　　和這些可愛溫和的小動物們互動對孩子們而言是最喜歡的了，就連我們家樂弟也不例外，比如擠羊奶、餵食羊咩咩喝奶這都是他人生的第一次體驗，也讓他既興奮又難以忘懷，因此「可達休閒羊場」是全家大小出遊休閒的好去處。

宜蘭
西部山區
田野樂

員山鄉

八甲休閒魚場

米其林餐廳主廚指定，高 C/P 香魚料理
八甲休閒魚場

☑導覽　☐採果　☑DIY　☐玩水　☑餐飲　☑住宿

📍 地址：宜蘭縣員山鄉尚德村八甲路
　　　　 1-10 號
📞 電話：03-9231800
📶 網址：www.8fish.com.tw
🕐 開放時間：午餐 11：00 ～ 14：00；
　　　　　　 下午茶 11：00 ～ 17：00
　　　　　　 （僅假日供應）；
　　　　　　 晚餐 17：00 ～ 21：00；
　　　　　　 每週三公休。
💲 費用：餐廳最低消費 100 元／人，
　　　　 並加收 10% 服務費。

　　「我會用好料理，回饋你的好食材。」米其林三星日本料理祥雲龍吟主廚稗田良平為了尋找符合要求又高品質的香魚，終於在宜蘭鄉間的「八甲魚場」找到了。

　　然而為了說服這位台灣香魚大王，同時也是八甲魚場的主人——黃玉明大哥，稗田主廚在那三年之中，被玉明大哥拒絕了無數次，究竟是為什麼呢？而八甲魚場有什麼樣的條件或魅力，可以讓國外名廚不遠千里而來三顧茅廬呢？

從觀賞魚到香魚的改良式養殖之路

　　我在黃玉明大哥身上看到台灣人打不倒的堅強韌性。曾經獲選為十大傑出農村青年的他，一路走來坎坎坷坷，家境貧困的他連娶

老婆的錢都借來的，而且再把她的嫁妝變賣來還錢，聽起來讓人覺得心酸！

　　想當初年輕時還把做苦工所存的積蓄投入「紅鯉魚」這樣的觀賞魚養殖，後來卻因設備及專業不足，魚苗全死光。但他並沒有放棄，反而越挫越勇，找到祕訣開啟養殖事業版圖，更外銷國外。

　　後又因觀賞魚市場受到大陸、印尼的低價衝擊，轉而另闢香魚養殖之路。這次黃玉明大哥利用員山這裡的天然純淨地下水源，來進行改良式養殖，不只香魚，就連苦花、鱘龍魚……等高經濟魚種這裡都有。我們還在導覽人員的帶領下，看到了鱷魚龜、巴西龜、眼鏡鱷……等等，彷彿這裡就像是座水族館。

❶+❷+❸ 八甲休閒魚場分為餐廳區、景觀區及養殖區。

④

　　一開場說到稗田主廚鍥而不捨的三顧茅廬,但又被黃玉明大哥百般拒絕,其原因在於龍吟對於香魚的要求不只是大小約 15 公分,還要活的送到位在內湖的餐廳。這對個性膽小的香魚來說,並不容易達成,運送途中容易造成香魚大量死亡的風險。但總算皇天不負苦心人,黃玉明大哥感受到稗田主廚三年來對於料理香魚的極度細心,因而抱著「豹死留皮,人死留名」的精神大步向前,從此展開合作之路。

④八甲魚場擁有廣大且專業的養殖漁池。
⑤ 這裡的水可是運用員山天然地下水源進行改良式養殖。
⑥ 八甲魚場的鱘龍魚。
⑦ 這個是鱷魚龜。
⑧ + ⑨ 除了食用魚種外,也有不少觀賞用魚。

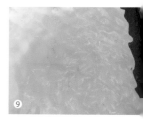

⑩ 景觀餐廳分為上
下兩層樓,樓下以
10 人一桌的中式餐
廳區。
⑪ 二樓餐廳則可以
眺望整個八甲魚場。
⑫ 烤香魚是八甲魚
場的招牌料理。鱘
龍魚創意料理令人
回味。這裡所有料
理都是取自宜蘭在
地的健康食材。

C/P 值高的香魚、鱘龍魚料理

　　然而介紹了這麼多,大家可別以為「八甲魚場」就單單只是觀賞的景點罷了。其實魚場內還設有一座環境清幽的景觀餐廳,在這裡我們可以一個意想不到的價格,品嘗到高 C/P 值與剛剛介紹的那鮮美魚種的菜餚,比如:八甲手作料理套餐(香魚、鱘龍魚、時令鮮魚)、各種火鍋……等,其他還有像是咖啡、甜點、飲料……等,應有盡有,一定讓人大飽口福之外,優美環境與擺盤藝術還能滿足視覺享受喔!

　　來到「八甲休閒魚場」不只有養殖魚區,另外還有結合景觀庭園的自然保育區,讓人可以在飽餐一頓後,輕鬆散步。尤其近年來日益著重自然保育的觀念,玉明大哥也不遺餘力,他曾語重心長說:「如果環境不能改善,而單單依靠民間長期做保育、保種的工作,還是沒什麼作用。除非政府或某些強有力的機構,能把一些地方在地特色生態保留下來,才是長久之計。」這番話也讓我們有所省思,同時和全家人到此一遊時也能更有感受而乘機教育下一代。

Chapter

3

頭城鎮

礁溪鄉

宜蘭市
員山鄉　　　　壯圍鄉

五結鄉
三星鄉　　　羅東鎮
冬山鄉

大同鄉　　　　　　　　蘇澳鎮

南澳鄉

01 📍蔥仔寮體驗農場
02 📍天送埤故事館暨遊客服務中心
03 📍星寶蔥體驗農場
04 📍天山農場豬寶寶文物館

05 📍 廣興農場的豬哥窟與鴨母寮
06 📍 童話村生態農場民宿
07 📍 花鹿米親子民宿
08 📍 大進休閒農業區
09 📍 鵝山茶園有機體驗農場
10 📍 香格里拉休閒農場
11 📍 三富休閒農場紫屋森林
12 📍 東風有機休閒農場
13 📍 星源茶園
14 📍 馨山茶園
15 📍 祥語有機農場

16 📍 芳岳茶園P000
17 📍 銀山果園
18 📍 一佳村養生餐廳
19 📍 珍珠休閒農業區
20 📍 宜蘭衿日林民宿

體驗
宜蘭中南部
創意玩法

三星鄉＋冬山鄉

宜蘭
中南部
創意玩法

三星鄉

蔥仔寮體驗農場

正港三星蔥油餅 DIY 好吃又有拿
蔥仔寮體驗農場

■導覽　□採果　■DIY　□玩水　□餐飲　□住宿

📍 地址：宜蘭縣三星鄉天福村東興路 13 號之 2
📞 電話：0937-995104
📶 網址：0937995104.tranews.com
🕐 開放時間：08：30 ～ 16：30
💲 費用：體驗項目分為單做蔥油餅 NT100 元／人、
　　　　拔蔥＋洗蔥＋蔥油餅 DIYNT150 元／人、
　　　　拔蔥＋洗蔥＋蔥油餅 DIY ＋帶蔥回家
　　　　NT200 元／人三種。

　　宜蘭三星蔥名聞遐邇，而「三星蔥油餅」更是不可錯過的排隊美食，不過這一切的成果得歸功於那些在背後默默付出的蔥農及相關人士，「蔥仔寮體驗農場」負責人也就是人稱「三星蔥王子」的李健鴻應該就是其中一員，樂爸今天專程來到了這裡，打算好好的感受看看。

建立青蔥產銷機制，三星蔥聞名全國

　　「王子」李健鴻雖然從小在蔥的故鄉長大，但畢業後就如同鄉里間其他人一樣，直接到大城市裡尋夢淘金了。然而這遙遠的追夢之路直到後來因緣際會下，毅然決然的返鄉接手務農，在跌跌撞撞

中建立了青蔥產銷機制並積極推廣三星蔥。常以「農的傳人」自居的李健鴻曾這麼說：「我本身不太會說話和表達，常常在公開場合中結結巴巴的說話，但為了賣蔥，為了賣好價錢，反正只是在說明我最在行的務農經驗，就豁出去了，現在就沒在怕的啦！」

從體驗換穿膠鞋、戴斗笠下蔥田，拔青蔥、洗蔥、蔥油餅DIY……等等。這些都是「蔥仔寮體驗農場」的特色體驗活動，李健鴻表示，剛開始推行休閒農業經營模式時，還常會受到自己父母的抱怨，不知他到底在搞什麼鬼？然而漸漸的，看到他賣蔥的成果，甚至到後來他的父母還曾表示，以前跟本沒看過什麼「阿兜仔」，沒想到現在一會兒來了這麼多，有些還會要求住下來。另外，「三星蔥」還打出全國甚至亞洲知名度，真的像是在作夢一樣。

❶ 三星蔥是全國聞名。
❷ 來「蔥仔寮體驗農場」學做道地的三星蔥油餅。
❸ 現場還可以直接採購「蔥仔寮體驗農場」的冷凍三星蔥油餅回家。

蔥油餅「631」DIY 體驗及口訣

　　來到「蔥仔寮體驗農場」，蔥油餅 DIY 體驗是一定要的，而且謹記「631」這個數宇。

　　這可不是開明牌啦！「631」是 DIY 蔥油餅口訣：「600 克中筋麵粉、300 毫升沸水、100 毫升冷水。」我們家樂弟也捲起了袖子準備化身為「三星蔥油餅」大師。這裡的蔥油餅 DIY 體驗會由麵糰開始教起，老師會一步步的先行示範，之後再讓遊客們親自「下海」實作，邊做邊指導。根據「631」將 300 毫升沸水倒入 600 克中筋麵粉中，搓揉後再加入 100 毫升冷水繼續揉合至「水麵合一」狀態，

蔥
仔
寮
體
驗
農
場

❹ 先透過現場人員指導做三星蔥油餅。
❺ 接著自己從揉麵糰開始，製作三星蔥油餅。

⑥ 自己吃，當然蔥愈多愈好。

接著讓麵糰靜置三十分鐘後就可切塊製作蔥油餅了。

　　此外，這裡也有專為「素食」無法吃蔥的朋友而設的「餅類DIY」，真的相當貼心周到。展開的麵皮上灑上新鮮的三星蔥花，再揉成條狀並盤起來靜置三分鐘，接著拿到煎台料理，外酥內軟的蔥油餅大功告成了！

　　除了蔥油餅DIY之外，只要大夥時間許可，「蔥仔寮體驗農場」還安排了蔥田導覽活動，讓我們可以親自下田拔蔥、洗蔥，甚至還能帶蔥回家，讓久居都市的人們可以體會一下蔥農生活樂趣，讓大家看得到也吃得到，有吃又有拿還有學，充實又好玩。

⑦ 下鍋煎自己做的蔥油餅，看著都快流口水了。
⑧ 自己做，超好吃！

宜蘭
中南部
創意玩法

太平山下的幸福農村
天送埤故事館暨遊客服務中心

■導覽　□採果　■DIY　□玩水　□餐飲　□住宿

📍 地址：宜蘭縣三星鄉天山村三星路八段 18 號
📞 電話：03-9895645
📶 網址：song.sunshin.org.tw/index.php
🕐 開放時間：08：30 ～ 16：30
💲 費用：免門票

三星鄉

天送埤故事館暨遊客服務中心

　　你知道在宜蘭有座沒有火車經過的火車站在哪裡嗎？你知道什麼是「石草垺」嗎？你體驗過防蚊磚 DIY 活動？或是聽過什麼是「銀柳」嗎？

　　如果上面問題的答案暫時一片空白，沒關係！和家人朋友來一趟「天送埤故事館暨遊客服務中心」，保證讓你收穫滿滿，既能寓教於樂又能有吃有拿喔！

森林小火車復駛體驗

　　「鑽石恆久遠，一顆永留傳。」這是一句十分經典的廣告詞，給人的第一印象就是那「天長地久」的愛情，不過這「天長地久」

四個字用在天送埤這兒卻有著令人意想不到的創意思維。

天送埤曾是太平山森林鐵路的前哨站，連接著土場與竹林之間，也是火車從平原連接山地的轉運站，為了要讓大家了解昔日太平山伐木業歷史，同時要發展三星鄉的觀光產業，相關單位與在地許多人共同努力合作，配合文創思維串聯在地地名，提出「天長地九」的口號，也就是「天送埤、長埤湖」與「地熱、九芎湖」間的幸福之旅。

同時，並努力讓這條沒有火車經過的天送埤火車站，在 2018 年 4 月春假期間，開始了「睽違 40 年太平山小火車復駛試乘」活動！雖說免費試搭一個月，但至少是個好的開始，期待復刻版森林小火

❶＋❷＋❸
天送埤故事館內的展示了許多昔日太平山伐木典藏文物與天送埤傳統農業社會風貌。

車愈來愈好。

不過，遊客服務中心原本是和故事館在同一處的，就在樂爸到訪的當時正進行拆分的工作，因此另一邊就如火如荼進行遊客服務中心的配置裝潢，在另一處這還可看到可愛的壁畫中表現出了所謂三星鄉的三寶：「上將梨、三星蔥、銀柳」，而一旁要規畫成蔥油餅 DIY 體驗區，至於服務中心那一端，則有各項農特產和伴手禮供大家選購，至於舊址的故事館則展示了許多昔日太平山伐木典藏文物與天送埤傳統農業社會風貌、伐木時期的興衰，有機會不妨可以來這裡好好的參觀。

❹ 旅遊服務中心的壁畫直指三星鄉三寶：「上將梨、三星蔥、銀柳」。

彩繪石草垺 DIY

除了引人入勝的「天長地久」外，當我們進到「天送埤休閒農業區」內有個小東西很容易被注意到，但又會被遺忘了，特別是久居都市的孩子們一定搞不清楚那是什麼東西？就像是童話故事的小屋？還是蘑菇屋？原來那是「天送埤休閒農業區」裡的特色代表，名為「石草垺」。

什麼是「石草垺」呢？草垺是早期農村儲存稻草的主要形式，將曬乾的稻草捆成一把把再堆疊而成，是早期農村象徵性的風景。然而天送埤這兒多了個「石」字，緣由在於山區裡的大石頭，在經

❺ 現場可以利用「石草垺」的造型撲滿做彩繪 DIY 活動。
❻ 這裡還有提供三星蔥蔥油餅 DIY 及銀柳體驗活動。
❼ 服務中心那一端，則有各項農特產和伴手禮供大家選購。
❽ 來到天送埤故事館，好像進入早期太平山伐木時期的時光隧道。

　　過蘭陽溪滾到天送埤這附近時，大多變成了小塊的鵝卵石，而前人就利用這些隨手可得的石頭堆砌成了草菇狀的「草垺」，而非使用稻草，也有的石頭還用來堆砌成田埂，形成當地的特殊風貌，就被稱為「石草垺」。

　　有趣的是，「天送埤休閒農業區」為吸引遊客們的們的目光，增加互動的趣味感，遂利用這「石草垺」做成了可愛的造型撲滿，讓大小朋友們自由發揮創意來彩繪裝飾，特別有意義。

　　此外，若是接近夏日炎熱的時節，「天送埤休閒農業區」也會視情況設計新的體驗活動，比如像是「造型防蚊磚 DIY 體驗活動」，或是「夏日米苔目 DIY」。

　　如果到了農曆春節前夕，也就是銀柳的產期。銀柳又名「貓柳」，因為台語發音與「銀兩」相近，代表吉祥、財源滾滾之意，因此成為春節期間重要的花材。值得一提的是，每年有 95% 以上的優質銀柳產自宜蘭縣三星鄉供應國內市場，並外銷國外，所以銀柳可說是一種高雅的花卉藝術品，來宜蘭三星不能錯過哦！

化身蔥派大師、體驗蔥農樂趣多
星寶蔥體驗農場

☑導覽　☑採果　☑DIY　☐玩水　☐餐飲　☐住宿

📍 地址：宜蘭縣三星鄉東興路 7-5 號
📞 電話：03-9891048；0921956813
📶 網址：www.sinbow.com.tw

🕐 開放時間：平日 DIY 時間 09：00、10：30、13：00、14：30、16：00；團體可另外安排；國外遊客體驗請以 Email 聯絡告知：orderpancake@gmail.com。
💲 費用：蔥派 DIY NT100 元／人；蔥派 DIY ＋拔蔥洗蔥體驗 NT150 元／人；蔥派 DIY ＋拔蔥洗蔥體驗＋帶蔥回家 NT200 元／人。

①

　　台灣元宵夜時，有句傳統俗諺是這麼說的：「偷挽蔥，嫁好尪。」主要的意思是說如果當時還是個未婚女子，那麼在元宵夜偷摘蔥就將會嫁到好丈夫，也是帶有祈求婚姻美滿的喻意。不過樂爸雖然此刻要帶大家去「挽蔥」，但不是「偷挽」喔！而是「正大光明」的請老闆帶著我們去。當然這半天的體驗不只「挽蔥」而已，蔥派、

（左側）三星鄉　宜蘭中南部創意玩法　星寶蔥體驗農場

蔥油餅、蔥卷……等等這類點心作法一應俱全，對能讓全家在這「星寶蔥體驗農場」有吃、有玩、有體驗，快樂又充實的旅遊。

❶＋❷＋❸ 農場分為 DIY 實作區、販賣部、洗蔥區、拔蔥換裝區、煎台區等等。
❹ 星寶蔥體驗農場的三星蔥少農藥、少蟲害，還獲得吉園圃的認證喔！
❺ 星寶蔥體驗農場主人張政雄大哥。

全套武裝下田拔蔥

　　農場主人張政雄大哥，外表看起來就像是位認真又老實的歐吉桑，殊不知他原本是個上班族，直到五十歲退休後，發現自己嚮往田園生活，於是回到宜蘭的三星，也就是張大哥的故鄉，著手在自家農地種起了「三星蔥」。張大哥抱持著一貫堅持的工作態度，讓他所種植的「三星蔥」不僅少農藥、少蟲害外，當然也較健康，甚至還獲得吉園圃的認證喔！

　　外觀不特別起眼的「星寶蔥體驗農場」，周圍被蔥田、稻田、菜園……等等所圍繞，場外貼心的提供了免費停車場，而裡頭的各個場地也配置完善，比如有：DIY 的實作區、洗蔥區、拔蔥換裝區、煎台區、販賣部……等等。

三星鄉

星寶蔥體驗農場

⑥

⑥「挽蔥」的下一步就是「洗蔥」去。
⑦ 開始自己做三星蔥油餅。
⑧ 樂弟做得不亦樂乎。

⑦　　　　　⑧

　　當要進行農夫的拔蔥體驗之前，得先到換裝區尋找適合自己尺寸的雨鞋，換裝後才能跟著張大哥一起下田「挽蔥」。因為剛下過雨的蔥田十分泥濘，走起來就像陷入泥沼般的費力，萬一不小心就可能四腳朝天化為「泥娃娃」了。拔蔥前，張大哥會先示範且講解一點技巧，當然換上場初體驗的自己就沒那麼容易了，所幸大哥也不會袖手旁觀，邊教邊做，第二次以己之力就「挽蔥」大成功！

　　「挽蔥」的下一步就是「洗蔥」去，當然洗蔥也有技巧，不可過於野蠻，先把根部泥沙去除，再將蔥表層黃色葉撕去露出蔥白，而且過程中要保持原來的一整株避免分開。

❿ 有專人幫忙煎道地的宜蘭蔥卷蔥油餅。
⓫ 吃得到蔥的宜蘭蔥油餅。

堅持「要做就要做最好的！」

　　我們很好奇為什麼張大哥原本是個單純的「三星蔥」農夫，怎會轉變成如此多角化經營呢？原來是某天意識到自己年齡漸大，體力也不比從前，於是才決定逐步轉型為休閒農業，把自己所種的「三星蔥」轉化為食材原料，進而開發蔥派、蔥油餅，甚至正計畫要推出需要準備時間較久、時間不易掌握、但又軟Q美味的蔥卷。

　　如此這般的體驗模式，讓遊客們自己拔蔥來做餅、派、卷，自己桿麵、做麵糰，直到煎（蒸）熟後，吃到自己的嘴裡，那種滿足的成就感，溢於言表。

　　張大哥說：「年輕時喜歡爬山，喜歡接受挑戰，因此每次都攻頂。因為我不喜歡中途放棄，一定堅持到最後。」又說：「既然要做，就要做最好的！」我想張政雄大哥應該就是抱著這隨時接受挑

⓬ 拿去蒸囉！
⓭ 看到沒～又白又大的蔥卷饅頭，好吃！

⓮ 農場主人張政雄
大哥親自教樂弟做
蔥卷饅頭。

戰且永不放棄的精神，才至今還能精益求精，讓「星寶蔥體驗農場」
的蔥派、蔥油餅的餅皮香酥脆，不油不膩，包裹的內餡滿滿清脆鮮
甜的「三星蔥」，每一口都有著蔥農和自己的汗水，因此嘗起來也
特別幸福可口。

⓯ + ⓰ 用蒸的蔥卷
饅頭超級好吃！

「豬朋雞友，天長地『九』」生態同樂會
天山農場豬寶寶文物館

☑導覽　□採果　☑DIY　☑玩水　□餐飲　☑住宿

三星鄉

📍 地址：宜蘭縣三星鄉天山村下湖路 1 號
📞 電話：03-9891698；0922-894-037
📶 網址：www.lanyangnet.com.tw/hog/
🕐 開放時間：08：30 ～ 16：30
💲 費用：需訂購一日遊行程，詳情請洽官網。

天山農場豬寶寶文物館

　　親身體驗過趕豬吃草嗎？餵過豬寶寶喝ㄋㄟㄋㄟ嗎？看過雞飛上樹生蛋嗎？在安農溪泛舟起點附近，沿溪畔上行約 50 公尺，就在獨木橋的對岸有座「豬寶寶」造型大門，就是「天山農場」的民宿所在。

　　「養豬達人」同時也是農場主人的黃正德大哥説：「民宿以前曾是全國第一家森林小學的所在地，也就是陳清枝老師的宜蘭森林小學，然因多種因素衝擊而轉型。」黃大哥接著説：「我延續陳老師森林小學『以自然為導師，以戶外為教室』的教學精神，發展天山農場，而附近生態豐富，只要多留意一下，就不難發現地鼠的地

洞鑿痕,就連屋外乾涸的河床,只要仔細觀察也會有意想不到的發現喔!」話才說完,沒想到橋下立刻發現烏龜,真是太神奇了!

❶ 看到豬寶寶造型大門,就是「天山農場」的民宿所在。
❷ 這裡以前是宜蘭森林小學的舊址及發源地。
❸ 天山農場民宿位在安農溪泛舟起點附近。
❹ 「養豬達人」同時也是天山農場主人的黃正德。

走一趟豐富的生態及歷史文化之旅

「雖然河面看來乾枯，但這兒地下水資源豐富，才能造就如此活躍的生態環境。」黃大哥又幫我們上一課。快跟著大哥的腳步繼續前進，過了不久，翡翠樹蛙進入眼簾，只有親眼所見，才知道翡翠樹蛙有多可愛。不只如此，「天山農場」還曾被票選為「台灣十大最佳賞螢地點」，可見得這裡生態之豐富。

除了生態的介紹，黃正德大哥就像是一本活字典，帶著我們從安農溪泛舟碼頭開始，一路由日治時期在這附近治水發電的歷史談起，小至路邊不起眼的愛玉樹，都能講解到令我們感興趣，甚至帶著我們走進農場內，親眼見到母雞竟躲在神桌上與土地公相依偎，為的是防止孵蛋期間，雞蛋被天敵咬走，這同時也是象徵近年來人類過度開發造成的現象。

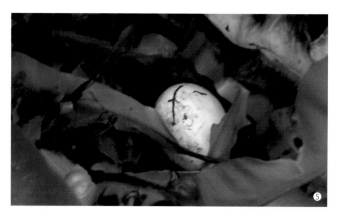

❺

❻

❺ 小心！蛋就在樹叢裡。
❻ 天山農場被青山綠水包圍，生態十分豐富。

❼ 母雞躲在神桌上
與土地公相依偎的
特殊景象。

　　不僅如此，農場裡的雞平時都吃天然的食物，農場將近 50 年也
沒有使用過農藥，自然而然這些雞朋友們就可以到處東奔西跑、自
由活動，練就一身好雞（肌）肉，只要一展翅就能飛到樹上生蛋，
是不是打破對肉雞的偏見？

❽ 超可愛的翡翠樹
蛙。

天山農場豬寶寶文物館

「趕豬體驗」與「小豬抱抱」受歡迎

黃大哥說：「現在從事農業極富挑戰性，得不斷推陳出新，不只需具備天文地理知識，更要實在的做事情。」他聯想到天送埤位於太平山森林鐵路的前哨站，進而在園區內以廢棄材料組合成 99% 擬真蒸汽火車頭，配合文創思維串聯在地地名，提出「天長地九」的口號，也就是「天送埤、長埤湖」與「地熱、九芎湖」間的幸福之旅。

此外，剛始養豬事業時，很多人並不看好他，黃大哥只好靠著創新與堅持才能漸漸成功並帶動地方受惠。這些點滴如人飲水，冷

❾ 天山農場採用生物酵素這環保飼料並配合綠美化後的環境來養豬，才不易有臭味。
❿ 天山農場豬寶寶文物館，對於豬的生態有詳細介紹。

暖自知，我們也是從黃大哥在文物館介紹「豬與人類文化習俗典故」
與過去種種時，才多少了解養豬人家與他的辛苦。

　　天山農場的活動琳瑯滿目，其中「趕豬體驗」與「小豬抱抱」
是相當受到歡迎又療癒的二項，再加上黃大哥採用生物酵素這環保
飼料並配合綠美化後的環境來養豬，才讓天山農場不易有臭味。而
農場的「森林生態區」也種了很多布袋蓮，形成一種生態循環，黃
大哥正是透過維持這善循環而建立好環境，也因此天山農場更名列
全國十大環保農場喔！

⓫ 對孩子而言，趕
豬體驗十分新奇。
⓬ 在園區內以廢棄
材料組合成 99% 擬
真蒸汽火車頭。
⓭ 「小豬抱抱」超
療癒。

焢土窯、摸蛤兼洗褲的農村體驗
廣興農場的豬哥窟與鴨母寮

☑導覽　☐採果　☑DIY　☑玩水　☑餐飲　☐住宿

📍地址：宜蘭縣冬山鄉柯林村光華三路 132 巷
　　　 12 號

📞電話：03-9513236；03-9615236

🛜網址：www.pigs.com.tw

🕒開放時間：09：00 ～ 18：00；每周三公休

💲費用：門票每人 200 元，3 ～ 12 歲每人 100
　　　 元，可抵園區消費。

冬山鄉

廣興農場的豬哥窟與鴨母寮

①

②

　　廣興農場的主人曾如敏，別看他頂著一頭白髮，他曾獲選十大
傑出農村青年，原是養豬大戶的他，30 年前最貴的一頭還能賣到十
幾萬，但就在一場突如其來的口蹄疫之後竟而改變了他的人生，當
然也將廣興農場從一家種豬養殖場幾乎快改頭換面，漸漸蛻變成為
了休閒農場的模樣。不過這也說明了人的一生，計畫永遠趕不上變
化，「塞翁失馬，焉知非福」，沒有人能夠準確預測自己未來會發

生什麼事，只有不斷的從失敗的
經驗中記取教訓，從新出發，才
能重新站起來，而曾阿爸就是最
好的例子。

❶ 看板設計超有趣。
❷ 看看你還記得哪些台語呢？
❸ + ❹ 廣興農場場地大，活動多。
❺ 漂亮的彩繪牆，提供大家拍照留戀。
❻ 廣興農場的入口也超有設計感。

⑦

古早味的農村景象＋天然湧泉

　　什麼是「鴨母寮、豬哥窟」？早期養鴨人家為了就近照顧鴨群，利用當地的稻草、竹子，蓋成臨時住所，以便養鴨人用來遮風避雨而被稱為「鴨母寮」；再加上農場前身為大型種豬繁殖場，所以後來曾阿爸才發揮創意有了這「廣興農場之鴨母寮豬哥窟」。

　　然而，沒到過廣興農場的朋友剛進到裡頭必定相當好奇，到底這「寮」和「窟」在哪呢？若是不經任何的解說，一定搞不清楚這真的是養豬場？原來農場內的活動真的是多彩多姿，因為現在幾乎都交給年輕一代管理而發揮了更多的想像力與創造力，更打造出廣

⑧

⑨

⑩

⑪

冬山鄉

廣興農場的豬哥窟與鴨母寮

⑦ 農場內還有座天然湧泉，水質十分清澈。
⑧ 農場內真的有養豬。
⑨ 還有雞鴨及孔雀。
⑩ 小兔子還不少。
⑪ 整個農場內營造出古早味的農村景象。

⑫＋⑬ 農場有詳細
介紹「鴨母寮、豬
哥窟」的由來。

興琉璃藏經閣，提供來訪遊客們進行 DIY 活動，打造專屬自己獨一
無二噴砂或彩繪的紀念品。

　　此外，農場內營造出古早味的農村景象，可以讓大夥了解早期
農家生活的辛苦，而且還有孩子們最喜歡的小動物展示區生態步道，
也可順便藉機認識可愛小動物，學習如何愛護牠們。不僅如此，農
場內還有座天然湧泉，水質十分清澈，造就了鮮嫩無腥味的吳郭魚，
一入口 對讓人回味無窮，自然而然也破除「吳郭魚是吃大便長大的
那種謬誤」。當然搭配其他現炒的美味農家菜肴，有吃有玩，很充
實喔！

⑭ 這裡吳郭魚，因
水質乾淨清澈，料
理起來鮮嫩無腥味。
⑮ 蛤蜊是現撈的美
味。

全家大小來焢窯

　　沒焢窯過的朋友推薦你們一定要來廣興農場,最好的例子就是
我們家樂弟。這是他人生的「處女焢」,所以堆窯時總顯得笨手笨腳,
但我們大人也沒比較屬害。不過,不用擔心,這兒的大哥哥們認真
又負責,除了細心指導外,也不至於完全袖手旁觀,要不然我們真
的可要「吃土」了。總之,「廣興焢窯」值得全家大小一起來奮鬥
一次,增進情感又好玩。

　　其實曾阿爸在養豬之前,家裡是經營醬菜鋪,身為醬菜鋪媳婦
的曾阿母常常日夜趕工,甚至忙到要住院,然而這些對曾阿母來說,
無怨無悔,因此「媽媽古早味」的曾家祖傳醬菜就成了廣興農場裡
重要、最不可或缺的味道!

⓰ 窯建好,開始生
火。
⓱ 想要吃焢窯美食,
必須自己先搭蓋磚
窯開始。
⓲ 放入食材後開始
封窯。

曾阿爸的一生走來坎坷又精采，他以「天公的憨子、幸福之子」來自許，廣興農場處處都能感受的到他們一家人的樂觀與堅韌，相信每個人來到這兒都能覓得他們所營造出的那份質樸快樂，一起度過難忘的假期。

⑲ + ⑳ 開窯，吃美食囉！

㉑ 還有超大彈珠台。
㉒ 這裡還可以彩繪小豬 DIY。
㉓ 好懷念的木馬椅。

獨享溜滑梯、湯屋與田園生態體驗
童話村生態農場民宿

☑導覽　☐採果　☑DIY　☑玩水　☑餐飲　☑住宿

📍 地址：宜蘭縣冬山鄉廣興村梅花路 300 號
📞 電話：03-9613-385；0978-082509
🛜 網址：kingstory.yilanbnb.tw/
🕐 開放時間：CHECK IN：PM3:00 ／
　　　　　　 CHECK OUT：AM10:30
💲 費用：住宿以網站公告價格為主，另有各種體驗活動
　　　　 包套行程，請洽童話村生態農場民宿。

冬山鄉

童話村生態農場民宿

　　吳麗珠，和藹可親又純樸的農家大姊，正站在門口微笑的歡迎
我們到來，而她正是「童話村生態農場民宿」的主人。

　　位在梅花湖附近廣大田野中的「童話村生態農場民宿」，遠遠
看來只是一棟平凡的庭園透天大厝就佇立在田邊，馬路的正對面剛
好是宜蘭廣興國小，因此在還沒進入之前老實說並沒有太高的期待。
但是，就像熱門肥皂劇那般，越是沒期待之後的驚喜程度就越大，
且讓我娓娓道來。

入住溜滑梯童話屋

　　首先是庭院外的超大迷宮闖關遊戲又是麗珠姊的另一構思。全

家人不分男女老幼，通力合作一起找出口一起過關，最後還能獲得小小的獎品獎勵，那份喜悅不言可喻。記得樂爸提到這「看起來像是個平凡的庭院」，原來是我有眼不識泰山呀，裡頭柳暗花明又一村，每個角落皆是寶，暗藏玄機，若是沒有麗珠姊的細心帶領，再透過她生動又活潑的互動解說，我們真像一群城市鄉巴佬，看來看去只是一堆草。

不過，住宿又是另一個驚喜。打開房門的瞬間，首先尖叫的是樂弟，因為映入眼簾的是今晚即將入住溜滑梯童話屋，緊接著輪到樂媽打開衛浴的那一刻，竟是高級的湯屋，而且還是碳酸氫鈉成分的美人湯，再加上四週幾乎無死角的田野風光，光是這一晚就足以讓我們好夢一場了。

❶ 在農場主人吳麗珠姊帶領下，農場的每個角落皆是寶，像現採金棗。
❷ 童話村生態農場民宿的主人吳麗珠。
❸ 庭院外的超大迷宮闖關遊戲是童話村生態農場民宿的特色之一。

　　說真格的，這些對樂爸都是前菜罷了，因為第二天的活動讓我重新對這「民宿」改觀，也對麗珠姊敬佩不已。

　　隔天美味的中西式複合式早餐後，沒想到對樂弟而言的神來一筆，竟然先是來個棉花糖 DIY 的飯後點心！這棉花糖機的模樣與捲糖的過程實實在在喚起樂爸兒時的記憶。

❹+❺+❻ 農場民宿裡有各式各樣的溜滑梯童話屋。
❼ 孩子看到溜滑梯童話屋就驚喜不已。
❽ 這是樂媽最喜歡的湯屋浴室。

❾＋❿ 中西合併的複合式自助早餐十分豐富。
❶❶＋❶❷ 自製棉花糖是飯後點心。

365 天都有活動體驗

　　連續三屆得到台灣休閒農業及宜蘭休閒農業的住宿、餐飲、體驗服務品質認證的「童話村」非浪得虛名，這一大片的庭園就像四季開心農場，麗珠姊早就根據季節變化為這裡量身打造出各種豐富又有趣的行程，分別為全年度都適合從事的拔蔥、種蔥、洗蔥、做蔥油餅 DIY；3 月底至 5 月初採蠶寶寶桑葚，6～7 月賞螢火蟲及獨角仙，7～8 月搓稻子、碾米體驗、幫稻子穿國王新衣帶回家享用，9～11 月採洛神花做洛神花酵素 DIY，12～2 月採棗做金棗酵素 DIY 或剪蠟梅做梅香醋 DIY，及享用好吃又健康的海陸不老鍋喔！

　　當然暢遊梅花湖的湖光山色與自然生態，以及吃遍羅東夜市特色小吃也是每個旅人到宜蘭一遊會考慮的行程。

❶❸ 好吃又健康的海陸不老鍋只限定在每年 12～2 月才有哦！
❶❹ 在這裡可以體驗搓稻子、碾米活動。

13

⑮＋⑯ 自己挑米並包裝，超有趣。
⑰＋⑱ 自己採金棗並做酵素 DIY。

餵魚喝ㄋㄟㄋㄟ＋摸蜆抓大肚魚

　　此外，還有個最受大家喜愛的活動就是「餵魚喝ㄋㄟㄋㄟ＋摸蜆抓大肚魚＆黑殼＋讓大肚魚做腳底按摩」。這活動老實說好玩又極富創意，無論大人或孩子們個個皆愛不釋手，每個人餵完之後意猶未盡，都還要再一次。

　　其實光是能思考出這些活動就相當不簡單了，更何況麗珠姊親切微笑的背後，其實是交織許多旁人無法想像的淚水和汗水而累積成今日的果實。

餵魚喝ㄋㄟㄋㄟ十分特別。

　　過往曾當過會計的她，就像是連續劇中悲情女主角所扮演的媳婦那般苦命，但終究她還是把握住機會勇敢向前，揮別過去站了起來，開創出「童話村」這園地。這也是為什麼樂爸特別敬佩她的原因之一了，我也期盼每位到訪的朋友們能多多給予麗珠姊加油與鼓勵，當然包括我自己下次造訪時也一定會説：「麗珠姊，你很棒！宜休農，真的讚！」

⑲ 農場水質清澈，有許多生態。
⑳ + ㉑ 溪裡有蝦。

夢幻療癒屋與鹿同行
花鹿米親子民宿

☑ 導覽　☐ 採果　☐ DIY　☐ 玩水　☐ 餐飲　☑ 住宿　☐ 體驗

📍 地址：宜蘭縣冬山鄉廣興村廣興路
　　　680 巷 300 號
📞 電話：0921-689-678
📶 網址：www.flowery.com.tw/
🎵 開放時間：CHECK IN：PM3:00 ～ 6:00
　　　　　　／ CHECK OUT：AM11:00。
💲 費用：住宿以網站公告價格為主。

冬山鄉

花鹿米親子民宿

　　中藥當中的聖品「鹿茸」竟然能和「親子民宿」有所關聯，出乎你意料之外嗎？會不會丈二金剛摸不著任何頭緒呢？不過在宜蘭確實就有著這麼一家民宿，它就是「花鹿米親子民宿」。

　　不過以這樣的開場，千萬別以會這裡「藥氣沖天」，或是到了什麼修行健身的祕境，一進到這可是會打破剛剛所有的想像喔！以透明玻璃屋為設計主體的「花鹿米」整個場域可是具備了各種風格的夢幻房型，比如像類似峇里島氛圍的南風 Villa、肯定讓孩子們興奮不已的粉紅甜心溜滑梯主題房、適合喜歡外出露營偶爾又想感受民宿的夏之戀帳篷房、適合三五好友多人出遊開趴共聚的 Dear1 主

❶＋❷ 萌到爆表的熊寶貝鞦韆樂園主題房
❸ 花鹿米親子民宿具備各種風格的夢幻房型。
❹ 出遊開趴共聚的Dear1 主題房。
❺ 峇里島氛圍的南風 Villa。
❻ 粉紅甜心溜滑梯主題房。

題房，以及萌到爆表的熊寶貝鞦韆樂園主題房。光是看到這些房型，大家可能和我一樣希望能在每間房間都住上一晚，感受一下那舒適、浪漫或可愛的風格了。就如同民宿主人所說：「『花鹿米』舒適、精緻的客房，配合著宜蘭好山好水的美景優閒舒適的漫活態度，可感受著這不被拘束的世外桃源。」

❼夏之戀帳篷房。

⑧

花鹿米親子民宿

與梅花鹿近距離接觸

　　「花鹿米」位於梅花湖休閒農業區，鄰近梅花湖風景區、梅花湖三清宮、羅東運動公園。住在這兒，我們可以到梅花湖騎腳踏車或品嘗當地特色美食……等等。民宿的外圍有著廣大的空地及花園，而且當中還穿插著木製的梅花鹿意象造型，十分特別。空地的一隅有個看起來像是石頭堆砌而成的小丘，主人的女兒說：「那是爸爸的創意，他想讓來這兒的孩子們在這玩玩過山洞的遊戲。」從這聽起來可以感受民宿主人有趣又溫暖的一面。

⑧ 各種鹿的雕像是民宿特色。
⑨ 這裡原本是「明泰鹿場」的養鹿場。
⑩ 「明泰鹿場」就在「花鹿米」民宿附近，走路就可以看到活生生的梅花鹿。

⑨

⑩

⓫ 早餐是台式清粥
小菜。
⓬另外還有烤麵包、
吐司及果汁搭配。

　　民宿老闆康國璋大哥，同時也是「明泰鹿場」主人，目前已把
「花鹿米」民宿的工作大多移轉給第二代，也就是接待我們的女兒
負責。聽説他們以前鹿場原先是在民宿的後方位置，但因考量到鹿
的住宿環境與發展性，所以移到離這裡稍遠的另一處，不過還是可
以走的過去喔！這也是我和樂弟第一次看見梅花鹿住在一棟超大型
的透天厝裡。而我們邊參觀康大哥則邊細心的解說，真的是個很特
別的經驗。

　　另外早餐則是為我們準備了台式清粥小菜，當中還搭配了一些
宜蘭在地菜色，既健康又道地，當然這餐廳也布置得像是故事書裡
的童話屋那般可愛模樣呢！

　　「花鹿米」之中還有個幸福滿滿農場，有時還會舉行「一日農
夫」活動來搭配這兒的住宿，有興趣的朋友可跟著鹿爸一起認識他
在農場裡所栽種的蔬果，還可以體驗農夫辛勞，包含除草、抓蟲，
那麼絕對可以好好的徜徉在這大自然中。

⓭民宿的外圍有著廣
大的空地及花園。

趣味手作，採果多元，一流名產，值得探索
大進休閒農業區

☑ 導覽　☐ 採果　☑ DIY　☐ 玩水　☑ 餐飲　☐ 住宿

冬山鄉

大進休閒農業區

📍 地址：宜蘭縣冬山鄉大進村大進九路 56 號
📞 電話：03-9612735
📶 網址：www.big99.org.tw/WebMaster/?section=1
🕐 開放時間：09：00 ～ 17：00
💲 費用：大鼻子的自由創作不收門票，DIY250 元起；
　　　　幸福農場 20 號門票 100 元／人，消費可抵。

　　想到宜蘭必買的名產之一，其中一項肯定會提到「蜜餞」。而樂爸接下來要介紹的「大進休閒農業區」是台灣第一處核准的觀光果園區，而且本區盛產水果與綠竹筍，近年來積極發展為觀光果園，規劃以水果生態套裝體驗活動為目標，比如像水果製酒活動、水果蜜餞體驗……等等，是一個以水果文化為特色的休閒農業區。

宜蘭蜜餞製作大本營

　　我們依各個月份來區分該時間點會產出的水果或作物有哪些？11 ～ 12 月是金棗、3 ～ 5 月是桑葚、甜李子、4 ～ 10 月為綠竹筍、

大進村不但產金棗，蜜餞加工也相當知名。

5 ～ 6 月則是甜蜜桃、5 ～ 7 月主要產蓮霧、7 ～ 10 月為山水梨、7 ～ 11 月是山藥、9 ～ 10 月為文旦柚)、11 ～ 2 月是柳丁，另外 4 至 12 月還有風孔仔茶，其中大進村的金棗加工相當知名，不但供應全省的蜜餞製作近年來更推向國際市場。

除此之外，當你走在大進路上就等於走進了名產街，如知名的劉記花生、順進蜜餞行、春記麥芽酥都在這條路上。

❶ 堅持純手工低溫烘焙的劉記花生。
❷ 以晶瑩剔透的麥芽糖以及花生粉製作的春記麥芽酥。
❸ 現場有百種蜜餞免費品嘗的順進蜜餞行。
❹ 一串心是宜蘭必點小吃。

親子小木作 DIY 的「大鼻子的自由創作」

聊完吃的，接著就帶大家體驗一點特別的活動。「大鼻子的自由創作」就在大進休閒農業區旅客服務中心的一樓，是個親子小木作 DIY 的園地。

要是帶孩子來大進休閒農業區而沒有到「大鼻子的自由創作」就真的太可惜了，因為這裡可以讓我們和孩子一起共同創作，滿足孩子天馬行空的創意，這裡的木作手工沒有固定材料包，大鼻子老師常掛在嘴邊的話就是：「他的創作區裡不賣魚，但是教你釣大魚。」是的，他不餵你吃魚，但他會耐心的在一旁引導孩子關鍵的地方該

❺ 現場有人指導用機器磨木板。
❻ 操作機台或工具時，也有專人進行安全提示。

大
進
休
閒
農
業
區

「大鼻子的自由創作」就在大進休閒農業區旅客服務中心的一樓。

怎麼辦？完成的作品絕對是專屬自己獨一無二的，而且在操作機台或工具時，也會進行安全提示，或是在安全狀況下讓孩子自己親身體驗，因此在這兒，不僅增進親子關係，也讓孩子的想像力及創造力增進不少喔！

❼ 在「大鼻子的自由創作」可以讓大人和孩子一起共同創作。

❽ 這裡的木作手工沒有固定材料包，完全是孩子天馬行空的創意。

❾「幸福 20 號農場」裡
的活動十分多豐富。
❿ 現場有許多盪鞦韆。
⓫ 專做水果蜜餞及水果
醋 DIY。

「幸福 20 號農場」DIY 及窯烤披薩

　　另外，我們還可以到旅客服務中心旁的「幸福 20 號農場」進行
DIY 體驗活動。「幸福 20 號農場」裡的活動十分多豐富，比如：窯
烤披薩 DIY、水果蜜餞 DIY、水果醋 DIY、水果原木筆 DIY、紅豆麻
糬 DIY、地瓜湯圓 DIY、鐵牛車巡禮以及導覽解說。特別是「窯烤披
薩 DIY」是真材實料，讓孩子從頭開始桿餅皮到送進烤窯之中，香酥
脆的披薩，現在想想，還是回味無窮呀！而農場內的各項設施及布
置也值得大家在這好好停留休息。

　　未經都市化影響的大進園區保留典型鄉村特色，相當值得大家
來這兒感受那一股純樸的寧靜。

⓬ 至幸福 20 號農場窯烤披薩 DIY。⓭＋⓮
農場裡還有許多可愛動物，可近距離接觸。

宜蘭
中南部
創意玩法

冬山鄉

鵝山茶園有機體驗農場

獨門茶熏蛋連美食家都說讚！
鵝山茶園有機體驗農場

☑ 導覽　☑ 採果　☑ DIY　☐ 玩水　☑ 餐飲　☐ 住宿

📍 地址：宜蘭縣冬山鄉中山村中山五路 3 號
📞 電話：03-9580301；0910-144-696
📶 網址：www.facebook.com/donco1602/
🕘 開放時間：09：00 ～ 17：00。
💲 費用：茶熏蛋 DIY 一人份 180 元（二人以上即可同
　　　　行，並附贈一壺好茶及一盤茶點）、採茶＋
　　　　製茶體驗一人份 180 元、風味餐每桌 2000
　　　　元起。

　　對「鵝山茶園」的第一印象是低調而質樸，就如同這裡的主人林登科大哥。若沒經過這半天的體驗深究，身為當年帶頭開始進行轉型休閒農業始祖之一的林大哥，絕對讓人想不到他到底花了多大的工夫將自己種茶經驗移轉至休閒農業上，特別是將茶品融入食品中的那份巧思，而且這部分連美食家都曾公開讚美。

　　林大哥說：「我們的茶葉皆自產、自製、自銷為主，而且種茶經驗豐富，還得獎無數，只不過景氣因素加上後來政府推動農業轉型，便結合觀光發展而轉為休閒農業。」他回憶起早期觀光暢旺時，「鵝山茶園」對是旅行社帶團行程必訪的名單之一，那人潮總是絡

繹不絕，遊覽車來來往往，盛況空前。當然隨著觀光型態的轉變，
林大哥也隨之調整應因之道，直至今日，甚至經常有國外自由行的
家庭指定到這兒，比如來自港澳、東南亞……等地最多。

❶「鵝山茶園」主
人林登科。
❷＋❸「鵝山茶園」
擁有廣大的觀光茶
園。
❹＋❺ 農場後還有
一片自種的金桔園，
提供採果。

6

茶熏蛋 DIY 與採茶製茶體驗

　　雖然環境在變，但唯一不變除了林大哥經營的初心，還有必定要提及的「鵝山茶園」招牌活動，那就是「茶熏蛋 DIY 與採茶製茶體驗」，以古早法煙燻技術來製作的「茶熏蛋」還讓無心插柳的林大哥意外獲選宜蘭百大名店，甚至連當時「祕密客」評審之一的美食家胡天蘭在嘗過這「茶熏蛋」後還這麼說：「茶熏蛋很入味，蛋黃成膏狀，真是好吃！」

　　林大哥對於「茶熏蛋」研發還不只在食材上，更專注在周邊工具上，像是具有安全開關的瓦斯爐、鍋具的材質……等，此外每位體驗的遊客還能喝到現泡的冷泡有機綠茶。至於戶外的手工採茶、炒茶、揉茶活動更是在許多都市小孩沒嘗試過的。在活動中可學習到茶葉的相關知識，感受採茶的樂趣，相對也能體會茶農的辛苦，好玩又有意義。除了茶園外，農場後還有一片自種的金桔園，也能讓遊客應因採果季節而親身體驗並進行 DIY 活動。

❻ 戶外的手工採茶、炒茶、揉茶活動更是在許多都市小孩沒嘗試過的。
❼＋❽ 將自己採的茶製作成喝到現泡的冷泡有機綠茶，真好喝。

7

8

體驗低調質樸的農家生活

　　開場曾提到了「低調質樸」四字，那麼就從這來分享一個小故事：「阿伯，你是什麼星座的呀？」樂弟帶著他熱情如火的射手個性笑嬉嬉的問著。

　　林大哥看來故作鎮定，並持續認真向我們解說農場各項活動。只不過眼神卻又不時會顧及樂弟。

　　最後終究抵擋不了樂弟那股人來瘋的天真模樣，此時有點正經的冷回：「我金牛座。你一直追問這要做什麼？」

　　「我要交朋友呀，至少要個性相投的！」樂弟認真回答。

　　「原來年紀小小的樂弟也在研究星座呀！待會兒該不會連我老婆（林大嫂）或是茶園全體人都調查一番？」

　　所有人包含林大哥一陣歡笑收場。

　　因此，若是以「平和溫厚」又有點「木訥」來形容這位「金牛座」老闆，似乎一點都不為過。這當中的過程，特別是林大哥與樂弟的互動情形，樂爸現在回想起來依然還是讓我不禁會心一笑，直覺他是個憨直暖心的大哥。

　　最後再次真心推薦有機會一定要來「鵝山茶園」好好體驗茶熏蛋 DIY 與採茶製茶活動，肯定讓大家意猶未盡！

樂弟在體驗採茶及製茶。

只在此山中，雲深不知處
香格里拉休閒農場

☑ 導覽　☑ 採果　☑ DIY　☐ 玩水　☑ 餐飲　☑ 住宿

冬山鄉

香格里拉休閒農場

📍 地址：宜蘭縣冬山鄉大進村梅山路 168 號
📞 電話：03-9511456
📶 網址：www.shangrilas.com.tw/shangrila/
🕐 開放時間：09：00 ～ 17：00。
💲 費用：住宿視官方網頁公告價格為主，體驗活動視活
　　　 動的複雜度及材料每人從 NT100 ～ 280 元不
　　　 等，請洽農場人員。

①

　　來到「香格里拉休閒農場」的當天，天公不怎麼作媒，順著蜿蜒山路上來，細雨綿綿，有種「只在此山中，雲深不知處」的美感。

　　香格里拉休閒農場董事長，人稱「阿來仔伯」的張清來先生，其實來自窮農背景，而且還曾考上很難上榜的公務員，只不過後來發現自己個性不合才再度回歸農業，也從那時開啟了他發展休閒農場的想法。他同時也是很早就將台灣的休閒農業推向國際的人，特別是向東南亞推廣。而他就靠著自己那份純樸誠懇的人情味，將台灣的休閒農業逐漸打出名氣，更有國外的朋友人稱讚這是最動人的台灣風情。

風味套餐不能錯過

　　我們原本一直擔心天候因素會影響旅行計畫與心情，但真的沒想到，「香格里拉休閒農場」的雨天即景透露著朦朧美，山在雲霧飄渺間，似有若無，在配合農場裡的各個造景，清靜幽美。

　　在遊客中心前有個「薪蒸火盆」，不了解的朋友可能以為只是取暖用的了，但它其實是希望藉由「薪蒸火盆」的提醒，就好比古時的人們在驛站看見炊煙而有暖心的感覺，進而拉進彼此距離，而不要像現代人情味淡薄那般，意義深遠。另外在這一旁的涼亭處還可體驗各種童玩如：陀螺、毽子、扯鈴……等等，晚上若住宿在這兒還能體驗放天燈的活動喔！

❶＋❷ 香格里拉休閒農場順著蜿蜒山路上來，細雨綿綿，有種「只在此山中，雲深不知處」的美感。
❸ 路上有鼓亭。
❹ 吊橋的意境好美。

香
格
里
拉
休
閒
農
場

「香格里拉休閒農場」的各式風味套餐也是不容錯過的，不且料理的美味可口，更能兼顧健康，像是有碳烤香魚套餐、紅糟味噌肉套餐、左宗棠雞套餐及南瓜蝦仁盅套餐等四種，搭配強調養生概念的水果沙拉、有機青菜、養生湯等副餐，真的讓我們吃的滿足又滿意，而若是針對團體遊客，也提供了中式合菜，讓每個來到「香格里拉」的朋友都能盡享美味。

❺ 遊客中心前的「薪蒿火盆」，用炊煙暖心拉進人與人距離。

❻ 強調養生概念的水果沙拉、有機青菜、養生湯等副餐。

❼ 左宗棠雞套餐。

❽ 童玩的竹頭號、豆豆鑼、小天燈、蠶寶寶……等等，全部自己做。

❾ 農場可以打陀螺。

童玩 DIY 及穆斯林友善餐旅認證

農場內的體驗活動應該是孩子們最喜歡的項目之一，其中包含了童玩 DIY 活動的竹頭號、豆豆鑼、小天燈、蠶寶寶……等等，每一樣皆富趣味且各具特色，比小天燈就像是按比例的縮小版，可愛又具收藏的紀念感，而蠶寶寶是最特別的一樣，做好的成品，真的就能猶如真實蠶寶寶那般蠕動前進，相當可愛喔！

香格里拉也提供了 106 間雅致清幽的鄉野套房，特別是木屋區六星級的高級房型透露著檜木香，裡頭寬敞舒適，景觀優美，有的房型還搭配了鞦韆，真的讓人留連忘返。值得一提的是被「阿來仔伯」指派拓展穆斯林市場外號「小丸子」的簡佩平，在她的努力下，東南亞旅客快速成長，直至今日，就連馬來西亞許多拿督都愛歡找她聊天，可見得她的努力與貢獻，也同時讓香格里拉成為台灣第一家取得「穆斯林友善餐旅」認證的休閒農場。

最後建議大家不妨找個時間和家人或朋友一起相約來「香格里拉休閒農場」，感受一下這現代桃花源。

⑩ 餐廳可以遠眺山景。
⑪ 香格里拉也提供了 106 間雅致清幽的鄉野套房。
⑫ 古色古香的空間，讓人留連忘返。

生態易遊、住宿露營、闖關開趴樣樣行
三富休閒農場紫屋森林

☑ 導覽　☑ 採果　☑ DIY　☐ 玩水　☑ 餐飲　☑ 住宿

宜蘭
中南部
創意玩法

冬山鄉

三富休閒農場紫屋森林

📍 地址：宜蘭縣冬山鄉中山村新寮二路 161 巷 82 號
📞 電話：03-9588690；03-9588795
📶 網址：www.sanfufarm.com.tw/
🕘 開放時間：0 9：00 ～ 17：30，每周二為公休日。
💲 費用：每人 100 元，全額可抵消費 (餐飲 / 住宿 / DIY 體驗 / 主題商品等)，90 公分以下免收取。

①

　　蝴蝶的屁股會開花？見過什麼是盲蛛嗎？它有毒嗎？仔細找找青蛙在哪兒？

　　來到三富休閒農場，迎接我們的「大象老師」一談起昆蟲、青蛙……等生態導覽，就像是小說裡客棧中的說書人上身，可把一條約 5 分鐘就能走完的園區步道足足逛了快一個小時呢！而且早已導覽過千百次的他依然保有那股熱情，仍會預先練習先走一次，調整看看內容，他的介紹總是那麼生動有趣，就連當時和樂爸同行錄節目的西瓜哥哥也被老師隱喻來形容青蛙的外觀，逗得現場所有人哈哈大笑。

　　紫斑蝶特殊的幻色、屁股開花求偶更吸引眾人的目光,但除了求偶的目的,它其實是受到驚嚇的現象喔!甚至其中還帶有花香呢!另外乍看之下會讓人害怕的盲蛛,竟然如此平易近人,還能讓西瓜哥哥、草莓姊姊和我們一起在身上進行「盲蛛接龍」,真是意想不到的戶外體驗。

❶ 與「東森 yoyo 嬉遊記」的西瓜哥哥、草莓姊姊來三富休閒農場採訪。
❷ 水池生態豐富。
❸ 農場內多年來堅持不施農藥,強調大自然「一物剋一物」的原理復育生態。
❹ 紫斑蝶特殊的幻色、屁股開花求偶更吸引眾人的目光。
❺ 看來讓人害怕的盲蛛,其實平易近人。

依四季設計各種體驗活動

　　「戶外遛小孩，腳上不會有紅豆冰。」這是樂爸和「東森 yoyo 嬉遊記」首次到「三富休閒農場」錄影時節目所下的註解。原來園方設置活水生態缸，提供蛙類適合繁殖的空間，並在水缸內養殖大肚魚避免孳生蚊蠅，如此建立了良好的生態循環也營造出最佳的自然環境，當然也為維持自然生態平衡。農場內多年來堅持不施農藥，並強調利用大自然「一物剋一物、一物育一物」的原理，並以天然有機的環境，進而能讓來訪的遊客看到陸上螢火點點，池中群魚悠游，鳥語花香，蛙鳴蟲叫，充滿田園之美，有小豬、鴨鵝等可愛的動物們。

　　另外，園區何二哥的金剛鸚鵡只要與大家互動起來，絕對讓你印象深刻、留連忘返。不只如此，農場內依四季不同的而設計出各種活動，以及不同季節可參觀的動植物、昆蟲導覽行程、各種多元

❻ 現場還有金棗果醬的 DIY 製作。
❼ 金棗果醬完成。

❽ 何二哥的金剛鸚
鵡會跟遊客互動。
❾ 利用青蛙建立了
良好的生態循環。
❿ 園區內吸取國外
的經驗推出針對小
朋友設計的「森林
小騎士」闖關活動。

的 DIY 項目，還有強調五感體驗，希望大家能達到身、心、靈平衡
因此有了「協力木屐」、「益智童玩」等遊戲，而且近年來又吸取
國外的經驗推出針對小朋友所設計的「森林小騎士」單元，受到廣
大迴響。

　　曾幾何時，對一般刻板印象的休閒農場竟也引進新穎闖關活動，
如：定向找茶、密室逃脫、找茶體驗、AR 實境體驗、美式聖誕大餐，
其中還穿插金棗果醬的 DIY 製作，讓來參加的所有人度過一個難忘
的假期。

（11）

三
富
休
閒
農
場
紫
屋
森
林

以生態永續經營

「『生態』，是父親十幾年前給三富的定位，為三富栽下永續經營的種子。」深入園區驚喜發現這裡處處美麗，每塊綠地、每一角落，都是生命自己挑選的家，不需要天天澆水，不需施肥照料，那麼自然簡單，這樣的美，用錢買不到，也無法速成，只需要時間等待。「不用太多的人為介入，這片土地長出的草會美，因為我們住在一起，在三富。」這一段話來自經營「三富休閒農場」的大姊姊徐儷禎，也是一位留德工作，並曾在知名單車任職研發，同時也

（12）

（13）

（14）

（15）

（11）三富休閒農場也
有提供住宿。
（12）+（13）+（14）+（15）針
對特別節日，三富
休閒農場會推出美
式聖誕大餐。

為人女兒的她，最後找到自己快樂泉源所在的心聲。

孟哲哥是儷禎姊姊的老公，也是學長，同樣在德國留學，同樣學工業設計，曾任大廠要員的他，不捨老婆都市生活忙碌而漸失以往笑容，再者，為了突破自己生活瓶頸與找尋生活幸福感，最後決心回鄉幫忙，將「三富休閒農場」繼續推向世界各腳落。有機會來到宜蘭，一定要深入的感受這塊土地的「美」！

🌀 早餐也十分豐富。
🌀 肚子餓了，可以至三富休閒農場吃當地食材的美食。
🌀 甜點也超好吃。

宜蘭
中南部
創意玩法

冬山鄉

東風有機休閒農場

檜樂惜福，輕露營
東風有機休閒農場

☑導覽 ☐採果 ☑DIY ☐玩水 ☑餐飲 ☑住宿

📍 地址：宜蘭縣冬山鄉中山村中山路 769 號
📞 電話：03-9587511
📶 網址：a222.tw/
🕘 開放時間：09：00 ～ 17：00
💲 費用：住宿以網站公告價格為主，另有各種
體驗活動包套行程，請洽東風有機休
閒農場。

❶

❷

　　只需帶一卡皮箱就能輕鬆入住的輕露營，想體驗嗎？聞過檜木香，但自己曾利用檜木完整做出手作檜木手工環保筷嗎？曾親自參與從植物到精油的提煉過程嗎？如果以上都想參與，那麼就直接到宜蘭的「東風有機休閒農場」吧！

　　宜蘭的新寮瀑布，大家應該都聽過，反而對於鄰近的舊寮瀑布就略感陌生，也顯得清幽。新舊寮的區分是因前人入山砍伐樟樹而

形成，而「東風有機休閒農場」也就位於冬山河上游近舊寮附近。農場的範圍剛好橫跨中山路兩旁，一邊屬於較為中國風的東風茶館民宿，而另一區則為遊客中心的所在，以及大部分的露營場地。農場的作物主要種植了文旦及白柚，因此也有生態導覽、採果體驗等活動喔！另外農場內還有提供咖啡與餐飲等服務，可說是貼心又周到。

❶ 農場分為東風茶館民宿，而另一區則為遊客中心的所在，大部分的露營場地。
❷ 東風茶館民宿。
❸ 外觀質樸的遊客中心。
❹ 遊客中心內部又分為咖啡與餐飲區域。
❺ 農場內還有提供咖啡服務。

體驗露營、自製天然精油及檜木筷子 DIY

　　「東風有機休閒農場」的露營地應該在露營界裡是赫赫有名，比較特別的是為造福露營的新手，因此農場內提供了完善的服務，讓第一次露營的朋友可以免帶裝備、免搭帳棚、免拆帳棚，一卡皮箱就輕鬆入住營地，完成一次無負擔的露營新體驗喔。另外農場的營地也分門別類像是有草地的，還有的是水泥地外加大雨棚，讓我們完全不受天氣所影響，真是太厲害了！

　　農場還開發出自製天然精油、檜木筷子 DIY 等活動，以我們當天體驗的「檜樂惜福～手作檜木手工環保筷」，就是個相當有意義的體驗。這對我們而言，都是人生的第一次，製作筷子要慢工出細活，按步就班，而再配合環保理念二者皆是相當正向的學習概念，讓孩子這趟旅行剛好也能符合寓教娛樂的精神。

　　至於精油部分，「東風有機休閒農場」更發展出「MURYOZ 木由子天然草本精油保養」系列產品，這些產品囊括了身體清潔、保養、美髮護理、全身沐浴，且堅持台灣在地生產，有機栽種。

冬
山
鄉

東
風
有
機
休
閒
農
場

❻＋❼ 檜木筷子
DIY。
❽「東風有機
休閒農場」更發
展出「MURYOZ
木由子天然草本
精油保養」系列
產品。

❾ 農場自己栽種農
作物區。
❿ 現場還有許多木
製產品。

保留荒地,有機栽植

　　其實主人林文龍原本與太太從事成衣業,後來才返鄉接手父親
的柚子園並進行轉型,期間辛苦的歷經十年才有今日農場綠意盎然
的自然風貌,真的相當不容易。

　　農場的範圍十分廣大,再加上進行有機栽植,以及特地保留荒
地,讓各方生物都有生存空間,所以這裡的生物也極富多樣性,喜
歡露營或想找個蓊鬱蒼翠的世外桃源散心,來「東風有機休閒農場」
就對了。

舞出冰淇淋好滋味，一起邁向甘味人生
星源茶園

☑導覽　☑採果　☑DIY　☐玩水　☐餐飲　☐住宿

📍 地址：宜蘭縣冬山鄉中城路 115 號
📞 電話：03-9587959
📶 網址：www.xingyuantea.com.tw/
🕘 開放時間：09：00 ～ 17：00。
💲 費用：採茶體驗＋茶園導覽＋綠茶冰淇淋
　　　DIY＋宜蘭茶品茗及茶點品嘗之套
　　　裝行程，每人 250 元。

①

　　「等一天，黑暗過去，苦盡甘來，人生滋味才了解，為著彼個將來，要自己，勇敢再勇敢。」這是五月天「勇敢」的歌詞。人多半都怕吃苦，遇到困難障礙時，通常都避之唯恐不及。

　　劉景源，「星源茶園」的第三代主人，小時候貧困的家境加上來不及向過世的父親學功夫，便扛起家中事業。從頭摸索起的他，種種的坎坷，如人飲水，冷暖自知，而他沒有氣餒，努力讓當時 19 歲的自己獨當一面，抱著一份友善土地及孝順長輩的心意將茶園傳

承下來。最後重新設計外包裝增加文創感，而且還和 5 星級連鎖飯店品牌合作，進而達到宣傳效果，持續奮戰到今天所看到的「星源茶園」。

❶ 劉景源將茶園傳承下來，並重新設計外包裝增加文創感。
❷ 星源茶園的茶獲獎無數。
❸ + ❹ 現場有不少製茶的機器。

綠茶冰淇淋 DIY

　　到訪的當天並沒有碰到景源，迎接我們的是一位活潑開朗，且身邊圍繞著好幾個小朋友的女孩，原來她是景源的太太資婷。一開始其實對這位年輕老闆娘並不覺得有什麼特別，然而漸漸從她對各種茶葉的介紹、星源茶園的名稱由來、品茶的過程、苦茶油的產製……等，似乎發現她口條清晰，並擅於和小朋友互動，特別是接下來的 DIY 活動更是讓我們驚豔不已。

　　「星源茶園」的體驗活動除了採茶體驗外，最招牌的體驗莫過於「綠茶冰淇淋 DIY」。或許有些人會說，那不過就是做冰淇淋呀，有什麼特別的呢？有句話說：「沒吃過瓜的人，永遠不知瓜有多甜。」在這過程中他們將自有無毒養生的綠茶粉加至冰淇淋中，並讓遊客自己親手製作。最具創意的是還融入了趣味的製作過程搭配動感音

樂，顯得更加活潑！讓大人和小孩能品嘗美味冰淇淋外，也可以了
解製作原理，還能藉此了解茶葉相關知識及茶品的養生之道，真是
寓教於樂。

　　至於資婷特別的地方是在與孩子互動過程中，運用趣味口吻適
時加入英語和他們交流，進行動感音樂帶動跳更是活力十足，就猶
如兒童台的姊姊上身，我看在這兒應該給她個「綠茶姊姊」的稱呼
才對。她無疑是孩子王，所有現場的小朋友緊緊跟隨，跳得眉開眼
笑，最後就連「星源茶園」高齡的「阿嬤」也抵擋不了快樂的氣氛，
就加入大夥「跳舞開趴」的行列了。

冬
山
鄉

星
源
茶
園

❺ 教孩子聞各種茶葉的味道。
❻ 綠茶冰淇淋 DIY。
❼ 運用趣味口吻適時加入英語和
孩子交流，進行動感音樂帶動跳。

網版印刷製作茶葉小枕頭

　　除了「綠茶冰淇淋 DIY」外，他們還利用網版印刷來製作屬於
自己圖案的「茶葉小枕頭」。不止如此，高雄餐旅學院碩士畢業的
資婷，還引進法式滾球遊戲讓孩子們玩耍。其實資婷婚前在學校就
是風雲人物，她還曾到澳洲打工度假，也有外語領隊、導遊執照，

並且娘家也經營休閒農場，甚至她還被聘為高雄餐旅學院的兼課老師喔！因此景源和資婷二位外語能力很好的夫妻同心協力共同為「星源茶園」打拚，還爭取到杜拜參展的機會。

「輕輕的筆跡有茶枝的力量，逐字攏刻著一心兩葉的感動。」邵大倫在「回甘」的歌詞中是透過茶葉來回味思鄉之情。然而有些人的回甘綿長，有些人則是飲完輒止。不過我相信要達到「回甘生津，苦盡甘來」，大多「不經一番寒徹骨，那得梅花撲鼻香」才會沁心美好，景源和資婷正在邁向這「回甘」的味道，而我們呢？

❽+❾ 利用網版印刷來製作屬於自己圖案的「茶葉小枕頭」。
❿+⓫ 現場自己拓印圖案到布袋上。
⓬ 引進法式滾球遊戲讓孩子們玩耍。

141

總統素馨茶，茶農體驗趣
馨山茶園

冬山鄉

馨山茶園

■ 導覽　□ 採果　■ DIY　□ 玩水　□ 餐飲　□ 住宿

📍 地址：宜蘭縣冬山鄉中山村中城路 179 號
📞 電話：03-9587089；0958-590198
🛜 網址：www.tea-168.idv.tw
🕘 開放時間：09：00 ～ 17：00
💲 費用：綠茶麻糬 DIY 製作數量計 10 顆體驗
　　　　價：每人 180 元；採茶製茶體驗
　　　　DIY：每人 200 元。

　　前不久有一位在宜蘭三星的聖母醫護管理專科學校學生李守宸，他參加冬山鄉首度舉辦的創意紅茶調茶競賽，特別熬煮素馨茶糖漿，並加入素馨茶凍增加口感，最後以「馥鬱窨花」拿下冠軍。他在比賽時特別強調，身為冬山人，這「素馨茶」是自己小時候的記憶，希望大家喝到時都能感受到「素馨茶」特有的清香，而他也覺得很榮幸。不過這「素馨茶」和樂爸要介紹的「馨山茶園」有什麼特殊的淵源嗎？或者是有何獨到之處呢？

　　「馨山茶園」產製各種茗茶早已超過二十多年了，可以說是一間老字號，而且創始人劉同文先生父子精研各種茶葉的製作技術，

❶ 現場有介紹製茶的流程及器材。
❷「馨山茶園」創始人劉同文。
❸ 馨山茶園產製各種茗茶,是比賽中的常勝軍。

因此是比賽中的常勝軍,更當選過全國十大傑出農家,而且受到當時省政府農林廳長的表揚,非常不容易。至於說到「素馨茶」,這個名字是由前總統府祕書長蔣彥士所取的,此外,「馨山茶園」還有後來冬山鄉農會推薦的各種新品種,如金萱茶、翠玉茶等等自產自銷。

體驗綠茶麻糬 DIY

　　目前「馨山茶園」也積極投入轉型，突破傳統，開放採茶與製茶的 DIY 體驗活動，因此來到這兒同樣也能在主人的帶領之下，穿梭在茶園間喔！再者，還能接著參觀難得一見的製茶過程以及機具操作規範並參與製茶過程，這一切對於第一次來的朋友是不是相當的新鮮又特別呢？

　　再說到「綠茶麻糬 DIY」體驗活動對於我們來說，也是既新奇又趣味的。我們得學習由製作綠茶麻糬外皮到包入甜甜紅豆內餡，看起來雖來簡單，但做起來卻不怎麼容易，特別是外皮的韌度控制其手感要掌握的恰到好處，吃起來的麻糬才會 Q 軟可口。將一顆顆

❹ 在主人的帶領之下，穿梭在茶園間採茶。
❺ + ❻ 現場有採茶與製茶的 DIY 體驗活動。

圓滾滾綠茶麻糬放入盒中，像不像三分樣，就大功告成啦！

　　小憩片刻之餘還能與地方長輩們喝茶聊天，並嘗嘗「馨山茶園」自製的紅茶或綠茶手工餅乾，正所謂「佳茗宜對飲，情景映杯生」，大夥好不優閒呀！

❼ 這是「綠茶麻糬DIY」體驗活動。

❽ 將一顆顆圓滾滾綠茶麻糬放入盒中，就大功告成啦！

❾ 製作綠茶麻糬外皮到包入甜甜紅豆內餡。

❿「馨山茶園」自製的紅茶或綠茶手工餅乾，好吃。

龍鬚糖 DIY 再把專屬品茗杯帶回家
祥語有機農場

宜蘭
中南部
創意玩法

冬山鄉

祥語有機農場

☑ 導覽　☐ 採果　☑ DIY　☐ 玩水　☑ 餐飲　☐ 住宿

📍 地址：宜蘭縣冬山鄉中山村中城路 173 號
📞 電話：03-9587959
📶 網址：www.shyangyeu.com.tw/

🕐 開放時間：綠茶龍鬚糖 DIY 活動 09：00 ～ 18：00；茶葉銷售 09：00 ～
　　21：00；手工炒茶 DIY 則舉辦在 4 月～ 11 月，四人成行，
　　請提前 1 天預約。
💲 費用：綠茶龍鬚糖 DIY 或手工炒茶 DIY 均 350 元／每人。

　　你曾經在廟會時看過龍鬚糖製作表演嗎？或許你看過，但是你想親自做看看嗎？而且這龍鬚糖還是與綠茶相結合的喔！現在來一趟「祥語有機農場」就可以體驗了。

　　看起來酷酷的劉向群大哥是「祥語有機農場」的主人，而他其實也是早期轉型投入休閒農業的初始領頭羊之一。當我們邊喝茶邊聊天時，他這麼說著：「早期剛投入發展有機茶園真的很辛苦，週圍的人都認為我是個瘋子，而且為使農地恢復原有的生態環境，所以我的茶園看起往往感覺都像沒整理過似的，不像其他業者的茶園那麼井然有序，自然而然也就沒有人想來看像我這種地方。而且光是培養恢復這茶園的生態就至少得花上五年的時間，因此在當時的

確是件相當吃力不討好的事，還得忍受虧損的風險。」

　　時至今日，當我們再回頭看看，「有機」看起來好像和「高單價」似乎更接近了些。現在的人們為了吃的安全、吃的放心、吃的健康，因此也比較在食安的條件上有所要求，也因為這個原因大多紛紛轉而追求「有機」食品，只要冠上「有機」好像就和健康、養生幾乎畫上等號。由此可見，向群大哥倒是成了先驅，但如果沒能熬過「被當瘋子」那些年，哪有今日的果實，甚至還被政府評鑑為「有機茶王」這樣的認證封號。

❶ 農場採有機栽培。
❷「祥語有機農場」的主人劉向群。
❸ 祥語有機農場的有機茶園。
❹ 祥語有機農場的茶好喝又健康。

綠茶龍鬚糖 DIY 及手工炒茶

　　從向群大哥製作與教導「綠茶龍鬚糖」的過程看來，他的確是個堅持的人，因為這項手作必須巧勁與手勁並用才能做出那和頭髮一樣細的龍鬚糖，而且還要帶著小朋友及我們這些菜鳥們一起動手呢！不過這過程沒體驗過的，真的無法用言語來形容，而且可包入花生或是芝麻等口味的餡料，甜而不膩又不會黏口。

　　除了常年開放、兩人成行的綠茶龍鬚糖 DIY 以外，另外還有四人成行的手工炒茶活動，因為產季的關係，只在每年 4 月到 11 月開

❺＋❻ 龍鬚糖拉到最後像頭髮一樣。
❼ 在這裡可以全副武裝下茶園採茶。

7

放，但須事先預約，可一同體驗體驗一下採茶、炒茶、揉茶的樂趣，
品嘗自己親自做的茶，享受茶葉的芳香，滿足自己的成就感。

8

9

❽ 可以視自己的口
味包入花生或芝麻口
味。
❾ 綠茶龍鬚糖完成
囉！

自製品茗杯圖案做文創

　　「祥語有機農場」為了推廣環保理念，只要參加體驗 DIY 活動者，都能獲得贈品茗杯與包裝袋。再者目前還積極推展將這品茗杯再發揚光大，在這杯子上頭刻製個人專屬圖案、文字……等，等於是製作專屬於自己的喝茶杯喔！

　　剛剛文中曾提到向群大哥看來酷酷的，然而他一旦深入工作之中，不論教導「綠茶龍鬚糖 DIY」或是「刻製品茗杯圖案」皆會不由自主的露出微笑，我想那應該就是他熱愛這工作的成就感，由此可見「有機茶王」非向群大哥莫屬。

⑩ 也有人在茶杯上刻可愛的圖案。
⑪ 現場擺放製茶的流程及機器，每年四月到十一月開放。

⓬ + ⓭ 可以自己刻
製品茗杯圖案。
⓮ 成品看起來還不
錯。
⓯ 架上展示的是劉
向群自己的作品。

品茗小點樂趣多
芳岳茶園

冬
山
鄉

☐ 導覽   ☐ 採果   ☑ DIY   ☐ 玩水   ☐ 餐飲   ☐ 住宿

📍 地址：宜蘭縣冬山鄉中山村中城路 193 號
📞 電話：03-958-5259；0918-218-960、
　　　　0928-135-820
📶 網址：moon.eland.org.tw/
🕐 開放時間：早上 8：00 ～晚上 8：00，
　　　　　　活動時間約 1 小時 30 分鐘。
💲 費用：體驗活動每人收費 180 元。

芳岳茶園

❶ 綠茶糕材料是摘採
自家茶園最嫩的茶葉
心，烘焙磨成粉後加
入麵糰中。

　　來到中山村中城路一帶，放眼望去皆是大片農地、茶園，在這附近的多家休閒農場，主要也是生產茶業，不過為了增進觀光帶動農業相關產業的發展皆各自發展出不同的體驗活動，遊客不僅可以來此喝好茶，還可以 DIY 特製茶點，既特別又有趣，而「芳岳茶園」就是其中之一。

　　據茶園主人指出，早期的芳岳大概有兩公頃的茶園，後來因為政府致力於推廣精緻農業，再加上鼓勵農家發展副業來增加附加價值，並提高自身的生產力與競爭力，因此芳岳茶園才漸漸轉型成為休閒農業。

綠茶糕、綠茶餅是人氣體驗活動

「芳岳茶園」將茶葉的用途發揮的淋漓盡致，以自家種植的有機翠玉茶，研發出綠茶糕、綠茶餅、綠茶鳳梨酥等產品，也是茶園人氣體驗活動。當然我們初來乍到，一定得要好好感受這細心規畫的整套製餅流程。對我們家樂弟來說，綠茶糕是個新鮮感十足的點心，年紀小小的他以前沒未曾注意過，當天就跟著老闆一步步的逐漸完成，光看那製作好的外型就成就感十足了，接著再嘗一口甜而不膩，口感鬆軟，入口即化，再喝上一口綠茶真是絕配，而且還有特製紙盒可以裝盛，就像年節伴手禮一樣，好看又好吃。

由於老闆娘是一位佛教徒且需用素齋供奉菩薩，又因一般糕餅無法配合製作素點心，正好借此契機，靈機一動而摘採自家茶園最嫩的茶葉心，烘焙磨成粉後加入麵糰中，進而研發出爽口不油膩的綠茶餅。而在 DIY 香氣滿溢的綠茶餅時，也是由主人在擀麵皮、揉餡及包覆等過程中，一步步帶領大家慢慢做，雖然幾乎都是初體驗，但大家卻做的很開心，和孩子的感情也增進許多。

自製健康茶點及小菜超好吃

除了極富口碑的綠茶餅和綠茶糕外，還有冷泡茶、香蘭果凍、茶葉香椿豆干、茶梅豆鼓等。另外，閒暇之餘他們還會利用時令盛產之蔬果自製研發傳統好吃的小菜：如菜脯、泡菜、豆豉、脆梅、炒花生、豆乾等等，而且在這些製程中不添加防腐劑及人工調味料，最後剛好也能和現泡的綠茶形成一整套品茗套餐。另外樂爸特別喜歡老闆娘自製一罐罐無農藥、健康十足的素醃蘿蔔，讓人可以配飯、也可做為配茶小菜，爽脆的口感十分開胃，真的不錯！

❷ 綠茶糕 DIY 體驗。
❹ 壓磨後，綠茶糕完成。
❺ 冷泡茶、香蘭果凍、茶葉香椿豆干、茶梅豆鼓等是老闆娘拿手菜。

小叮噹的秘密食堂和百果花園
銀山果園

☑ 導覽　☑ 採果　☑ DIY　☐ 玩水　☐ 餐飲　☐ 住宿

📍 地址：宜蘭縣冬山鄉中山村中城一路 27 號
📞 電話：03-9585509
🛜 網址：go2ilan.org/event/inshan/
🕘 開放時間：08：00-17：00
💲 費用：銅鑼燒 DIY ＋附贈茶點品嘗：180 元／人、
　　　　手工蛋捲 DIY ＋附贈茶點一份 200 元／人

①

宜蘭
中南部
創意玩法

冬山鄉

銀山果園

　　你知道嗎？在宜蘭中山休閒農業區內，藏了一座「小叮噹的秘密食堂和百果花園」，外觀看起來就和一般住宅沒什麼差別，如果不仔細看看招牌，或是熟人帶路，那麼很容易就錯過這了喲！原來這裡就是傳說中的「銀山果園」。

　　「銀山果園」最初以種植文旦及西施蜜柚兩個品種的柚子為主，而且在柚子上也贏得了好口碑。近年來他們也跟著政府的推廣逐漸進行農業轉型而開發不同的產品以及活動，特別是老闆娘「劉琇綸」大姊，外表爽朗的她身具一手好手藝，而且還擁有烘焙類的證照，因此利用在地食材、當地特色研發了許多讓人讚不絕口的料理與伴

❶＋❷＋❸ 老闆娘劉琇綸大姊利用在地食材、當地特色研發許多讓人讚不絕口的料理與伴手禮。
❹「銀山果園」植物區滿滿的橘子。

手禮。這些特色美食所散發出來的美味清香，都是食物本身的天然風味，並沒有添加任何人工香料，讓大家可以品嘗到食物最自然的原始本味。

自己研發的蝶豆花美食料理

在大姊為我們準備餐點前，我們先跟著老闆到園區內走走逛逛。農場內好比是小型動物圓和植物園的綜合體，可愛動物區內有著白雉，還有外號是川普的紅金雞，以及黃金雞……等等；而植物區滿滿的橘子，還有柚子樹、蝶豆花、芭樂樹與各式各樣的植栽等，當中還有一塊醒目的立牌上面寫著榮獲宜蘭縣有機花園菜圃美化的第二名耶！

這時也正好瞧見琇綸大姊將一道道香噴噴的料理端上桌了。那

一下藍、一會兒紫的冷飲可是運用天然的蝶豆花所沖泡的茶，另外也可以將它揉入麵糰製成爽口的蝶豆花涼麵。而那吃了就讓人還想再來一碗的乾麵再喝上一口特製的養生湯，真是可口，當然還有族繁不及備載的各種自製餅乾伴手禮。

銅鑼燒 DIY 體驗

然而，可別這麼快就把肚子填飽了，因為還有一樣重要的甜點即將登場，同時這也是小朋友與小叮噹最喜愛的點心，那就是「銅鑼燒」。

琇綸大姊按步就班的進行教學示範，並帶著我們家樂弟進行練

❺ 可愛動物區內有著白雉，還有外號是川普的紅金雞，以及黃金雞⋯⋯等等。
❻ + **❼** 劉琇綸特製的乾麵及養生湯，令人回味。

❽ 榮獲宜蘭縣有機
花園菜圃美化的第
二名。
❾ 自製的爽口蝶豆
花涼麵。

習，沒多久的時間樂弟也可以稍微獨當一面，另外我們還能將餅皮
進行造型的變化，有別於單純圓形的樣子喔！最後將兩片餅皮中裹
入一球冰淇淋，立刻擄獲大、小朋友那嘴饞的味蕾了。除了傳統冰
淇淋口味外，琇綸大姊運用自家白柚的食材混入麵糊中，煎好的柚
香銅鑼燒中間裹入自製的鳳梨豆腐乳，一口咬入，超完美的搭配，
包準大家在其他地方很難吃的到這種創意美味的點心，再搭配其他
自製小菜零食，我看大夥都是挺著肚子才能走出去的，因為每一樣
都想嘗一口呢！

　　琇綸大姊他們夫妻倆親切又和善的招待每一位到訪的遊客，雖
然這裡沒有豪華的裝潢、讓人讚嘆的壯闊美景，但有的是最質樸、
最純真的農家情感，吃到的每一口都是他們用心的對待。

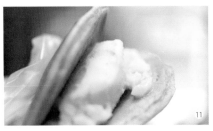

❿ 琇綸大姊教樂弟
自製銅鑼燒。
⓫ 運用自家白柚的
食材混入銅鑼燒麵
糊。
⓬ 沒多久的時間樂
弟也可以稍微獨當
一面。

五行五色佳肴美饌，非吃不可
一佳村養生餐廳

☐ 導覽　☐ 採果　☐ DIY　☐ 玩水　☑ 餐飲　☐ 住宿

冬山鄉

一佳村養生餐廳

📍 地址：宜蘭縣冬山鄉中山村中城二路
58 巷 11 號
📞 電話：03-958-8852（用餐需事先預約）
📶 網址：www.facebook.com/
FirstVillage/
🕐 開放時間：中餐 11：30 ～ 13：30
晚餐 17：30 ～ 19：30
💲 費用：採無菜單料理，大約 2500 ～
4000 元／桌（10 人）。

　　曾獲頒績優田媽媽評鑑的「一佳村養生餐廳」，以自行研發的「五行料理」，一舉奪得當年度「拔卒」的評審青睞，那麼究竟這「五行料理」到底有多麼好吃？或者多特別？可以讓嚐過的朋友皆紛紛豎起大拇指，讚不絕口呢？

　　「一佳村養生餐廳」位在近來熱門景點之一的新寮瀑布附近，而周邊另一個知名景點就是仁山植物園。剛好植物園的入口處前有一處藥用植物園區，「一佳村養生餐廳」就順勢將藥用植物帶入養生料理中而頗受好評了。

　　從有些蜿蜒的鄉間小路進來，「一佳村養生餐廳」的外觀及周邊的環境，乍看之下有種韓劇中的清幽感，特別是餐廳建築的外型特別讓樂爸有這樣錯覺。再者，我們來的時機點真的非常不錯，因

為正植櫻花盛開的季節，餐廳外的庭園綠地裡遍布了夢幻粉紅，那滿開的櫻粉正好和山間原野的綠形成浪漫的對比色，單單「美」字已無法形容，更何況園中還有一池靜謐的陂塘，剛好可映照地面上的美景。

五行料理上桌

    庭園中的造型水牛可是老闆自己設計出來的，有立足台灣，放眼天下的胸襟和精神就刻在牛背上頭，極富意義。餐廳的後方是老闆自己的菜園，種植了各種蔬菜，可利用來當作配菜的食材，這個

❶ 餐廳門口的茶花盛開。
❷ 一佳村養生餐廳的外觀及周邊的環境，有種韓劇中的清幽感。
❸ 餐廳外的庭園綠地裡遍佈了夢幻粉紅，一池靜謐的陂塘，剛好可映照地面上的美景。

❹ + ❺ 庭園中的造型水牛可是老闆自己設計出來的。

　　區域也開放讓遊客進來參觀，讓大家了解這裡所種植的蔬菜的種類，也能讓所有人看的到，吃的到，進而吃的放心與安心。

　　接著就是我們垂涎已久的「五行養生餐」要登場囉！

　　五行是指金、木、水、火、土，五色是指紅、黃、綠、黑、白，紅色可以補血、綠色可以養肝、黃色是開脾、黑色是補腎、白色是潤肺，因此研發了五行養生餐，其中最吸睛的菜餚，也是我們最喜愛的其中之一，那就是「五行酒釀湯圓」。這些湯圓是由紅麴（紅色）、茯苓（白色）、梔子花（黃色）、地瓜葉（綠色）、杜仲（黑色）所組成，搭配酒釀、香蕉碎末以及枸杞做成的甜湯，再打個蛋花，色香味俱全，軟Q不膩口又養生。其他菜色還有五行生菜、鹽烤蝦、富含維他命與纖維質的十穀米、中草菜（洛葵）、小菜拼盤（鳳梨豆腐乳、蜜漬金棗、醃百香果、自製泡菜）……等，桌上的菜色皆產於自家菜園，以健康無毒方式栽培，所有食材講究自然、新鮮。

❻ 以獨特配方製作出糖酥、花生糖、南瓜子酥、腰果酥，都是低糖、不黏牙。

❼ 櫃子及冰箱裡都是一佳村養生餐廳自己開發的伴手禮。

遵循古法製作小零嘴

　　除了「五行料理」大餐外，「一佳村養生餐廳」還開發了很多營養好吃的小零嘴，比如像是遵循古法製作，以獨特配方製作出低糖、不黏牙、可素食的糖酥，還有香酥的花生糖、健康概念的南瓜子酥，以及越吃越順口的腰果酥，這些可都是送禮自用兩相宜的好選擇喔！

　　不管是「五行料理」大餐或是營養好吃、甜而不膩的零嘴系列、伴手禮等，外加餐廳優美的環境，樂爸得到了一個四個字的結論，一佳村就是「美食天堂」無誤，歡迎大家來大快朵頤一番。

8

9

10
11
12
13
14
15

❽ 餐廳環境清幽，寬敞。
❾ 桌上菜色均產於自家菜園，以健康無毒方式栽培，所有食材講究自然、新鮮。
❿ 五行養生餐令人垂涎三尺。
⓫ 五行酒釀湯圓。
⓬ 鹽烤蝦。
⓭ 鳳梨豆腐乳、蜜漬金棗、醃百香果、自製泡菜。
⓮ 富含維他命與纖維質的十穀米。
⓯ 連果凍都採五行配色來製作。

農漁樂優遊
珍珠休閒農業區

☑ 導覽　☐ 採果　☑ DIY　☑ 玩水　☑ 餐飲　☐ 住宿

珍珠休閒農業區

📍 地址：宜蘭縣冬山鄉富農路二段
　　　　255 號
📞 電話：03-9605200
📶 網址：www.dongua3.tw/
🕐 開放時間：09：00 ～ 17：00
💲 費用：遊客中心免費，其他必須
　　　　視場地規定收費。

　　説到「珍珠休閒農業區」一般人可能一時不知道是哪兒？不過因為這裡緊鄰冬山河親水公園及國立傳統藝術中心，因此民宿數量之多又集中，可説是全台灣少見，因此有可能你曾住過其中的某家民宿而不自知，其實那裡就在「珍珠休閒農業區」裡面。所以，現在就讓大家來了解這個有文化底蘊與景色怡人的好地方。

參觀魚菜共生及香烤吳郭魚

　　來到「珍珠休閒農業區」，首先就要到遊客中心進行「蝶豆花茶的手作體驗」。在東南亞國家中，蝶豆花常常被當成是一種天然食用色素，而蝶豆花茶會根據我們所加入的液體的酸鹼度，進而改變其液體顏色，比如我們將七喜汽水（酸性）加入蝶豆花茶後會變成就開始變化為紫紅色，很有趣。

其他還有度假蜜月雙人房、英式雙人套房、印度風雙人房，以及溫馨親子四人房，可說是各種房型依各自需求和喜好，任君挑選。

到訪前正值春節前夕，因此民宿的前院也正在大掃除中，尚未完工。庭園旁還隱藏一處小菜團是主人平時種菜慢活的祕密基地。然而一說到祕密基地，其實主人在民宿後頭約一公里處還有一處更大的祕密菜園，裡頭種植了各種蔬菜，甚至還有養鴨呢！如果隔天能起了個大早，可向主人免費借用庭院中的自行中，接中便可繞進冬山河親水公園內，還能繞著大片的田野，輕風拂面，晨光映照，慢慢騎到菜園裡，看看今天主人要準備哪些食材菜色，一起幫忙，真的輕鬆又愜意的鄉村慢活。

❶ 交通便利因素使得這裡成了每年國際童玩節超夯的住宿地點之一。
❷ + ❸ 民宿裡的花花草草都是男主人的心血。

宜
蘭
衿
日
林
民
宿

自製堅果米漿當早餐，營養不打折

　　親切又健談的女主人準備的早餐一點都不馬虎，中西合併的自助式迷你 Buffet，其中還有她自己每天也會喝、自己親手打的堅果米漿，營養和滋味皆滿分。早餐中她也分享了「衿日林」的點滴，

❹ 民宿後方的水田看起來就像是一座大型池塘，讓人心曠神怡。

❺ 住宿的「花嫁四人房」，當然房內除寬敞舒適外，設備也一應俱全。

強調服務人員都是自家人，孩子大多在外念書，放假再回來幫忙，
原本是開怪手土木公司負責人的男主人，平時也喜歡種花、養草、
玩石頭，本想是要用來退休生活的地方，但也愈忙愈開心，愈做愈
有趣。

　　聽聽民宿主人豁達的人生見解，真的也讓我在這次旅行中有了
意外的收穫，有時哪怕只是這來找她泡茶聊天，我想透過這樣不同
行業或不同生活領域的生活分享，女主人也會相當歡迎的，下回有
機會可以好好到這聊聊一下午的故事喔！

❻ + ❼ 沿階梯而
上，有個觀景小陽
台可以看風景。
❽ + ❾ 中西合併
的自助式迷你
Buffet，自己親手
打的堅果米漿，營
養和滋味皆滿分。

親子一起來！玩遍宜蘭 34 個特色休閒農場

跟著樂爸走，體驗在地生活

作者／樂爸／林正豐
美術編輯／查理、Rooney、廖又儀
執行編輯／李寶怡
企畫選書人／賈俊國

總編輯／賈俊國
副總編輯／蘇士尹
編輯／高懿萩
行銷企畫／張莉滎、廖可筠、蕭羽猜

發行人／何飛鵬
出版／布克文化出版事業部
台北市民生東路二段 141 號 8 樓
電話：02-2500-7008
傳真：02-2502-7676
Email：sbooker.service@cite.com.tw

發行／英屬蓋曼群島商家庭傳媒股份有限公司城邦分公司
台北市中山區民生東路二段 141 號 2 樓
書虫客服服務專線：02-25007718；25007719
24 小時傳真專線：02-25001990；25001991
劃撥帳號：19863813；**戶名**：書虫股份有限公司
讀者服務信箱：service@readingclub.com.tw

香港發行所／城邦（香港）出版集團有限公司
香港灣仔駱克道 193 號東超商業中心 1 樓
電話：+86-2508-6231 **傳真**：+86-2578-9337
Email：hkcite@biznetvigator.com
馬新發行所／城邦（馬新）出版集團 Cité (M) Sdn.
Bhd.41, Jalan Radin Anum, Bandar Baru Sri Petaing, 57000 Kuala Lumpur, Malaysia
電話：+603- 9057 -8822
傳真：+603- 9057 -6622
Email：cite@cite.com.my
印刷／韋懋實業有限公司／卡樂彩色製版印刷有限公司／鴻霖印刷傳媒股份有限公司
初版／2018 年（民 107）09 月
售價／新台幣 380 元
ISBN ／ ISBN 978-957-9699-34-1

親子一起來！玩遍宜蘭34個特色休閒農場

跟著樂爸走，體驗在地生活
回饋讀者 COUNPON 券大方送

旺山休閒農場
地址：宜蘭縣壯圍鄉新南村新南路 107 之 7 號
電話：0932-088-992
親子一起來！玩遍宜蘭 34 個特色休閒農場
跟著樂爸走，體驗在地生活

鵝山茶園有機體驗農場
地址：宜蘭縣冬山鄉中山村中山五路 3 號
電話：03-9580301
親子一起來！玩遍宜蘭 34 個特色休閒農場
跟著樂爸走，體驗在地生活

官老爺休閒農場
地址：宜蘭縣壯圍鄉新南村新南路 75 之 3 號
電話：03-9253517
親子一起來！玩遍宜蘭 34 個特色休閒農場
跟著樂爸走，體驗在地生活

芳岳茶園
地址：宜蘭縣冬山鄉中山村中城路 193 號
電話：0918-218-960
親子一起來！玩遍宜蘭 34 個特色休閒農場
跟著樂爸走，體驗在地生活

菌寶貝博物館及觀光工廠
地址：宜蘭市梅洲一路 22 號
電話：03-9281168
親子一起來！玩遍宜蘭 34 個特色休閒農場
跟著樂爸走，體驗在地生活

銀山果園
地址：宜蘭縣冬山鄉中山村中城一路 27 號
電話：0958-685-509
親子一起來！玩遍宜蘭 34 個特色休閒農場
跟著樂爸走，體驗在地生活

橘之鄉形象館
地址：宜蘭市梅洲二路 33 號
電話：03-9285758
親子一起來！玩遍宜蘭 34 個特色休閒農場
跟著樂爸走，體驗在地生活

一佳村養生餐廳
地址：宜蘭縣冬山鄉中山村中城二路 58 巷 11 號
電話：03-9588852
親子一起來！玩遍宜蘭 34 個特色休閒農場
跟著樂爸走，體驗在地生活

麗野莊園休閒農場
地址：宜蘭市黎明一路 88 號
電話：0912-592-789
親子一起來！玩遍宜蘭 34 個特色休閒農場
跟著樂爸走，體驗在地生活

珍珠休閒農業區
地址：宜蘭縣冬山鄉富農路二段 255 號
電話：03-9605200
親子一起來！玩遍宜蘭 34 個特色休閒農場
跟著樂爸走，體驗在地生活

大進休閒農業區
地址：宜蘭縣冬山鄉大進村大進九路 56 號
電話：03-9612735
親子一起來！玩遍宜蘭 34 個特色休閒農場
跟著樂爸走，體驗在地生活

親子一起來！玩遍宜蘭 **34** 個特色休閒農場

跟著樂爸走，體驗在地生活
回饋讀者 COUNPON 券大方送

鵝山茶園有機體驗農場
憑券消費即贈送紅茶包一包
◎限 1 券 1 包，COPY 無效。本活動有限期間至 2018/12/31 止
◎主辦單位保留更動優惠方式之權利
◎本券不得與其他優惠併用，另 DIY 活動或餐飲需事先預約

旺山休閒農場
憑券消費彩繪 DIY，即贈送南瓜咖啡或南瓜牛奶或南瓜豆漿一杯
◎限 1 券 1 次，COPY 無效。本活動有限期間至 2018/12/31 止
◎主辦單位保留更動優惠方式之權利
◎本券不得與其他優惠併用，另 DIY 活動或餐飲需事先預約

芳岳茶園
憑券消費打 8 折 (農特產品除外)
◎本活動有限期間至 2018/12/31 止
◎主辦單位保留更動優惠方式之權利
◎本券不得與其他優惠併用，另 DIY 活動需事先預約

宜老爺休閒農場
憑券消費竹筏秧桶船體驗買一送一
◎限 1 券 1 次，COPY 無效。本活動有限期間至 2018/12/31 止
◎主辦單位保留更動優惠方式之權利
◎本券不得與其他優惠併用，另 DIY 活動或餐飲需事先預約

銀山果園
憑券消費即贈送柚子果醬一瓶
◎限 1 券 1 瓶，COPY 無效。本活動有限期間至 2018/12/31 止
◎主辦單位保留更動優惠方式之權利
◎本券不得與其他優惠併用，另 DIY 活動或餐飲需事先預約

菌寶貝博物館及觀光工廠
憑券入場，即贈送益生菌試吃包一包
◎限 1 券 1 包，COPY 無效。本活動有限期間至 2018/12/31 止
◎主辦單位保留更動優惠方式之權利
◎本券不得與其他優惠併用，另 DIY 活動需事先預約

一佳村養生餐廳
憑券消費贈送主廚限定小菜
◎限 1 券 1 次，COPY 無效。本活動有限期間至 2018/12/31 止
◎主辦單位保留更動優惠方式之權利
◎本券不得與其他優惠併用，另餐飲需事先預約

橘之鄉形象館
憑券消費贈送生津金棗茶一瓶 (45ml)
◎限 1 券 1 瓶，COPY 無效。本活動有限期間至 2018/12/31 止
◎主辦單位保留更動優惠方式之權利
◎本券不得與其他優惠併用，另 DIY 活動或餐飲需事先預約

珍珠休閒農業區
憑券入場即贈送風箏 DIY
◎限 1 人 /1 券，COPY 無效。本活動有限期間至 2018/12/31 止
◎主辦單位保留更動優惠方式之權利
◎本券不得與其他優惠併用，另 DIY 活動或餐飲需事先預約

麗野莊園休閒農場
憑券住宿打 9 折
◎本活動有限期間至 2018/12/31 止
◎主辦單位保留更動優惠方式之權利
◎本券不得與其他優惠併用，另 DIY 活動或餐飲、住宿需事先預約

大進休閒農業區
憑券可現場體驗單人自行車 1.5 小時
◎限 1 人 1 券，COPY 無效。本活動有限期間至 2018/12/31 止
◎主辦單位保留更動優惠方式之權利
◎本券不得與其他優惠併用，另 DIY 活動或餐飲需事先預約